Trutz Hardo

Karma und seine Gesetze

KARMA UND SEINE GESETZE

TRUTZ HARDO

SILBERSCHNUR VERLAG

FSC
www.fsc.org
MIX
Papier aus verantwortungsvollen Quellen
FSC® C014138

ISBN: 978-3-89845-416-2

1. Auflage 2013

Gestaltung & Satz: XPresentation, Güllesheim
Umschlaggestaltung: XPresentation, Güllesheim; unter Verwendung des Motivs #17555367, www.istockphoto.com
Druck: Finidr, s.r.o. Cesky Tesin

Verlag »Die Silberschnur« GmbH
Steinstraße 1 · D-56593 Güllesheim
www.silberschnur.de · E-Mail: info@silberschnur.de

Inhalt

VORWORT

Verehrte Leserinnen und Leser,

dieses Büchlein möchte Ihnen anhand von zahlreichen Fallbeispielen aus der Rückführungstherapie einen Einblick in das Karmagesetz geben und dessen Bedeutung für uns Menschen aufzeigen. Es möchte seine Wirkungsweisen herausstellen und auch Hinweise geben, wie man sich von negativem Karma befreien kann und worauf zu achten ist, um sich nicht mit erneutem Karma zu belasten, das entweder noch in diesem Leben wirksam werden könnte oder sich - mit aller Wahrscheinlichkeit - in einem Ihrer späteren Leben als Konsequenz auf Ihre Handlungen manifestieren wird.

Was ist Karma?

Unter Karma versteht man das sich auf die vielen Leben des Menschen beziehende Gesetz von Ursache und Wirkung, das da lautet: *Was du einem anderen antust, tust du dir selbst an - wenn nicht in diesem Leben, so doch in einem deiner Folgeleben.* Dieses Gesetz erstreckt sich sowohl auf deine negativen Gedanken und Worte - und vor allem auf deine negativen Taten - als auch auf deine guten.

Denn wenn du anderen Gutes tust, wird dir auch Gutes widerfahren. Bist du zum Beispiel sehr gutherzig, beschenkst Arme, stehst anderen in ihrer Not bei und leistest uneigennützig Hilfe, dann wird dir das sozusagen gutgeschrieben, so dass du ein Gleiches in der nahen oder fernen Zukunft an dir erfährst. Wenn du zum Beispiel einem Bettler oder auch einer karitativen Organisation gemäß deinen Möglichkeiten etwas zukommen lässt oder anderen in ihrer Not beistehst, wird dir auch irgendwann etwas gegeben werden oder Hilfe widerfahren. Wenn du dich anderen gegenüber allerdings in irgendeiner Weise lieblos verhältst, wirst du ein Gleiches - zu welcher Zeit auch immer, und sei es in einem viel späteren Leben - selbst erfahren müssen. Dies ist ein simples Gesetz.

Denn wir müssen begreifen, dass wir alle eins sind und alle aus der Einheit Gottes stammen. Stell dir vor, du seist der andere ... Wenn du der andere wärst und all das hättest, was seine Seele in früheren Leben oder auch in dem heutigen Leben erfahren hat, dann wärst du genauso wie jener andere. Darum heißt es auch schon in alten Überlieferungen: Behandele deinen Nächsten so, wie du selbst behandelt werden möchtest.

Um einige Beispiele für das Karmagesetz zu nennen: Habe ich jemanden betrogen, hintergangen, ihm seelisch oder körperlich wehgetan, muss mir einmal etwas Ähnliches widerfahren. Bin ich einmal fremdgegangen und habe meinem Partner oder meiner Partnerin dadurch sehr wehgetan, wird mir irgendwann als Ausgleich etwas Ähnliches widerfahren. Denke oder spreche ich herablassend über Homosexuelle oder handle gar in verabscheuungswürdiger Weise gegen sie, dann kann es gut sein, dass ich einmal selbst homosexuell und diffamiert sein werde, um an mir zu erfahren, wie es ist, von anderen in Gedanken, Worten oder gar Taten herabgesetzt zu werden.

Aus den Erfahrungen unserer Seele lernen wir, immer liebevoller zu werden und anderen mit Verständnis oder gar Zuneigung zu begegnen. Die uns ereilenden Schicksale sind so gesehen in den meisten Fällen gerechte Ausgleichsgeschehen. So sagt auch Deepak Chopra in seinem Buch *Leben nach dem Tod* (S. 26): *"Indem sich das Karma auswirkt und abwickelt, führt Ihr Karma immer dazu, dass Ihre Handlungen beim nächsten Mal besser sein werden."* Das Karmagesetz ist nicht als Bestrafungsgesetz zu verstehen, sondern es hilft uns, uns Fehlhandlungen aus Lieblosigkeit durch eigene Erfahrungen bewusst zu machen, um in einem weiteren Leben nicht noch einmal falsch zu handeln. Das Karma ist ein "Bewusstseinsmacher" für die Seele, um sich immer mehr der Liebe zuzuwenden.

Das Karmagesetz ist schon in den indischen Veden vor dreitausend Jahren deutlich formuliert worden, denn da heißt es: *"Das unsterbliche Selbst wird wiedergeboren in einem neuen Körper, entsprechend der Verdienste seiner Taten."* Und der vor etwa zweieinhalbtausend Jahren lebende Buddha drückte es folgendermaßen aus: *"Eines jeden Leben ist das Ergebnis seines vorangegangenen. Die ehemaligen Fehler wirken sich jetzt als Leid und Schmerzen aus, während die einstigen guten Taten nun ihren Segen tragen."* Und er sagte: *"Willst du die Vergangenheit eines Menschen kennen, betrachte seine gegenwärtige Situation.*

Willst du die Zukunft eines Menschen kennen, betrachte seine gegenwärtigen Handlungen."

Die vielen indischen Gurus haben immer wieder auf die Bedeutung des Karmagesetzes hingewiesen. *(...) Bedenke stets, dass alles, was dir geschieht, dir zufällt, dir widerfährt, das Beste für dich ist, und dass deine Aufgabe ist herauszufinden, inwiefern.* (...) *Karma ist der innere Hauch des Lebens. Ohne das Gesetz von Ursache und Wirkung wäre die Welt sinnlos und Gott ein trunkener Spieler. Gott aber ist die vollkommene Gerechtigkeit, der wahre Sinn deines Seins. Wegen dieser Gerechtigkeit gibt es das Karma. Und um dein Karma zu erfüllen, wirst du geboren, wirst du wiedergeboren. Deshalb hat dein Leben, hat jedes Leben einen Sinn. Deshalb kannst du nicht verloren gehen und bist von Anfang an gerettet."* (Sai Baba)

Gott taste, wie Sai Baba weiterhin lehrt, den freien Willen des Menschen nicht an, denn der Mensch lernt durch die Konsequenzen seiner Handlungen. Karma besteht so lange, bis der freie Wille in Gottes Wille übergeht.

Viele bedeutende Menschen, vor allem die großen Dichter, haben sich zur Reinkarnation und auch zum Karmagesetz bekannt. (Einige Aussagen dieser Großen wie auch die beiden hier zitierten Aussprüche von Buddha und Sai Baba habe ich in meinem mit vielen Abbildungen versehenen Buch *Geschichte der Reinkarnation* zusammengestellt.)

Wir müssen verstehen, dass die Erde eine Schule ist, in der wir bestimmte Dinge zu lernen haben, beispielsweise Geduld, Nachsicht, die Entwicklung geistiger oder sogar schöpferischer Fähigkeiten und vor allem Liebe - und das heißt: Liebe zu sich selbst **und** zu anderen. Liebe ist in allen Klassen der Lebensschule das Hauptfach, also somit die wichtigste Lernaufgabe. Jedes Erdenleben können wir mit einem erneuten Schultag vergleichen. Nachdem wir nach einem solchen "nach Hause" gekommen sind in unser eigentliches Heim, wo unsere jenseitige Familie wohnt, zu der wir nach jedem Erdenausflug beziehungsweise Schultag immer wieder zurückkehren, werden wir

Rückschau halten auf unser abgelegtes Erdenleben. Die jenseitige Welt ist dabei nicht irgendwo über oder unter uns angesiedelt. Sie befindet sich auf einer höheren Schwingungsfrequenz und somit auf einer anderen Daseinsebene, die durch unsere irdische hindurchgeht. Feinfühlige können deshalb auch mit Jenseitigen in Kontakt treten, indem sie ihre Frequenz erhöhen, während die Jenseitigen zum Zweck einer Kommunikation mit Irdischen ihre Schwingung verringern.

Das Bewusstwerden des Karmagesetzes im Jenseits

Wenn wir im sogenannten Jenseits, unserer eigentlichen Heimat, angekommen sind, schauen wir auf unser soeben abgelegtes Leben zurück. Hier wird uns sofort klar, was wir falsch oder richtig gemacht haben. Wir werden alle Zusammenhänge erfahren und erkennen, warum sich alles so ereignen musste, wie wir es leid- oder freudvoll erlebt haben. Wir erkennen unser Fehlverhalten und begreifen vielleicht, dass bestimmte Begebenheiten Tests waren, die wir nicht oder sogar erneut nicht bestanden haben, obwohl wir mit diesen schon in früheren Leben konfrontiert worden waren. Denn in der Schule des Lebens gibt es viele Tests, die wir gut oder weniger gut bestehen können. Wir werden immer wieder in bestimmte Situationen hineingeführt, bis wir sie richtig gemeistert haben. Und ab und zu können wir Dutzende Male immer wieder mit den gleichen Begebenheiten konfrontiert werden - doch letztendlich werden wir stets zu einer zufriedenstellenden Lösung gelangen, benötigten wir dafür auch noch so viele Erdenleben.

Wir werden erkennen, dass es auf dem Schulungsplaneten Erden unser aller Aufgabe ist, den langen Weg von der Lieblosigkeit zur Liebe zu gehen. Die eine Seele schafft es, diesen Weg vielleicht schon nach fünfzig Erdenleben zurückzulegen, eine andere Seele braucht dazu womöglich einige Hundert Erdenbesuche.

Nachdem wir uns in unserem höheren Zuhause unsere Lebenssituationen sowie unser Verhalten zufrieden, enttäuscht oder vielleicht sogar voller Entsetzen angesehen haben, beschließen wir, uns für ein nächstes Erdenleben gut vorzubereiten.

Hierzu gibt es verschiedene Lern- und Vorbereitungswege, um in einem erneuten Erdenleben besser abzuschneiden.

Im Kreis unserer jenseitigen Kernfamilie, deren Mitglieder wir aus den verschiedensten Leben kennen und wovon wir einige auch in unserem letzten Leben getroffen haben, werden wir uns ausführlich über unsere Schicksale und Verhaltensweisen unterhalten. Sie werden uns auf unser Fehlverhalten hinweisen und von ihren eigenen Erdenleben samt ihren Verstößen gegen die Liebe berichten. Doch die eindringlichsten Gespräche werden wir mit unserem Geistführer - seltener haben wir eine Geistführerin - führen, der natürlich unser ganzes Erdenleben genauestens kennt und mit dem wir unsere negativen aber auch die positiven Situationen durchgehen, um daraus zu höheren Erkenntnissen zu gelangen. Er wird uns - wie einige Mitglieder unserer Kernfamilie - ebenfalls darauf hinweisen, an Kursen zur Bewusstseinserweiterung teilzunehmen, die von weisen Lehrern, welche schon durch viele Erdenleben gegangen und somit zur totalen Liebe gelangt sind, abgehalten werden. Hier wird uns verdeutlicht, warum es die göttliche Ordnung gefügt hat, dass es überhaupt Erdenleben gibt, und warum wir immer wieder erneute Inkarnationen durchlaufen: weil das Spiel des Lebens darin besteht, von der Lieblosigkeit zur bedingungslosen Liebe zu gelangen.

In dieses Spiel ist das Karma eingewoben mit dem Gesetz: Was du anderen antust, hast du deiner Seele selbst angetan, die dann irgendwann, wenn nicht schon im Folgeleben, ein Gleiches an sich erlebt. Durch die Erfahrungen werden wir zur Liebe hin konditioniert. Denn wenn ich als Mann einst eine Frau vergewaltigt habe und als Folge in späteren Leben selbst als Frau ein oder mehrere Male vergewaltigt worden bin, habe ich in meinem Unterbewusstsein die Speicherung, mich in dieser Hinsicht nicht wieder schuldig machen zu wollen, und kann selbst herausfordernde Prüfungen bestehen.

In solchen Kursen wird man auch gut auf ein bevorstehendes Leben vorbereitet, indem in Partner- oder Gruppenarbeit Situationen durchgespielt werden, die einem dann auf Erden begegnen werden. Natürlich wird unser Bewusstsein auf Erden all diese Vorbereitungen vergessen haben, aber einiges bleibt doch im Unterbewusstsein haften, das hilfreich für uns sein dürfte.

In solchen Gruppenkursen werden die Erlebnisse jedes Einzelnen wie auf einer Leinwand der Reihe nach angesehen. Man lernt aus diesen vorgeführten Lebenssituationen samt den jeweiligen Handlungsweisen, wo man seine Prüfungen bestanden hat und wo man durchgefallen ist. Hat zum Beispiel jemand einen anderen um sein Erbe betrogen, so erkennt jener in Reue seine gemeine Tat. Aber gleichzeitig nimmt er die Gefühle des damals Betrogenen wahr - all die Wut, den Schmerz und die Verzweiflung. Und der Lehrer wird ihn darauf hinweisen, dass er in einem Folgeleben gemäß dem karmischen Gesetz selbst einmal in gleicher oder ähnlicher Weise betrogen und um sein Erbe gebracht werden muss. Jeder, der auf Erden andere aus Gewinnsucht übervorteilt, hintergeht oder

Steuern, die dem Staat zustehen, hinterzieht, wird irgendwann den gerechten Ausgleich erhalten, indem ihm Geld beziehungsweise Hab und Gut abhandenkommt oder ihm entwendet wird.

In solchen Kursen lernen wir an vielen Beispielen, was ein falsches und was ein richtiges Verhalten ist beziehungsweise wo wir gegen die Liebe verstoßen oder wo wir sie richtig angewandt haben. Und einem wird klar, dass man durch die Aneignung fremden Eigentums oder durch einen unrechtmäßigen Geldgewinn letzten Endes immer selbst der Verlierer ist, mag man sich über seinen durch Betrug, Tricks und Durchtriebenheit gehorteten Reichtum momentan auch noch so freuen - man wird in einem Folgeleben das Gegenteil erfahren müssen oder sogar in Armut leben.

Aber es gibt noch eine weitere Möglichkeit, zu lernen und Einsichten zu gewinnen. Wir dürfen uns als unsichtbare "Geister" auf Erden - meist in Begleitung eines Lehrers - bei bestimmten Situationen oder Personen einfinden, um an Ort und Stelle feststellen zu können, warum sich eine

Person so oder so verhält. Wir bekommen dann jeweils die Gedanken jener Handelnden mit und lernen so, warum jemand handelt, wie er es tut – und welche Alternativen sich ihm geboten hätten. Und wir werden in solchen Situationen an unsere eigenen Handlungsweisen auf Erden erinnert, wobei wir uns vornehmen, im nächsten Erdenleben gravierende Fehler zu vermeiden beziehungsweise alles richtig zu machen.

Uns wird auch bewusst gemacht, dass nicht nur Lieblosigkeit gegen Menschen karmische Folgen hat, sondern auch lieblose Vergehen an Tieren ziehen Konsequenzen nach sich. Wenn ich Tiere schlage, quäle, sie absichtlich hungern oder dursten lasse, werde ich ein Gleiches oder Ähnliches in einem meiner Leben erfahren müssen. Unsere Seele wohnte schon vor unserer ersten Menschwerdung sehr häufig in Tierkörpern und kann sich auch späterhin mit einer ihrer Teilseelen mit einer Tierseele verbinden, um dadurch zu erfahren, wie ein Tier fühlt und eventuell zu leiden hat. Auch diese Verbindung mit einer Tierseele dient dem Erlernen der Liebe. Deshalb gibt es auch Haustiere: damit wir - angeregt durch die bedingungslose Liebe, die sie uns entgegenbringen - unsere Liebe erweitern. Tierquäler erwartet in einem ihrer nächsten Leben sicherlich ein karmisches Ausgleichserlebnis.

Wie wir oben schon im Zitat von Sai Baba gelesen haben, hat Gott uns den freien Willen gegeben, um uns in jeder Situation frei entscheiden zu können. Und entscheiden wir uns nach vielen Erdenleben wie selbstverständlich für ein liebevolles Handeln und erfüllen damit den eigentlichen Sinn unserer Inkarnationen, dann benötigen wir keine weiteren Schulbesuche auf dem Planeten Erde und können in der jenseitigen Welt auf bewusstseinserweiternde Universitäten gehen, wo wir mehr über die Schöpfung Gottes und die höheren Gesetze erfahren. Wer jedoch den Schulungszyklus als Liebe gewordene Seele beendet hat, kann sich freiwillig erneut inkarnieren, um bei bestimmten Menschen oder unter Völkern bewusstseinserweiternd zu wirken und ein Vorbild an liebevollem Handeln zu sein. Und steigt er vielleicht sogar aus ganz hohen Vibrationsebenen der Himmelsschöpfung als Avatar mit einem göttlichen Auftrag auf die Erde herab, dann wird sein Wirken weite Kreise ziehen. Man denke zum Beispiel an Buddha oder Jesus.

Ursprünglich wohnten wir ungeteilt in der göttlichen Einheit. Wir waren eins mit dem Geist Gottes und lebten, ohne über eine Individualität zu verfügen, in der unermesslichen göttlichen Schönheit und totalen Liebe. Um diese aber wirklich schätzen zu lernen, benötigten wir die Erfahrung des Gegenteils. Aus diesem Grund sonderten sich viele Millionen aus dieser Einheit ab, indem ihnen eine Seele eingegeben wurde, die Gefühle wahrzunehmen in der Lage war. So sich diese Seelen bei ihrer Erkundung des Gegenteils der göttlichen Liebe entschlossen haben sollten, gleich als Mensch zu inkarnieren, ohne erst den Weg über ein Stein-, Pflanzen- oder Tierleben zu wählen, so sind sie in ihrer ersten Inkarnation als Mensch allen göttlichen Wissens enthoben, haben aber zumeist noch eine Ahnung über ihre

Herkunft. Sie werden dann oft in Familien oder Gesellschaften geboren, wo man sie manipuliert und ihnen vorlebt, dass man ein gesundes Ego benötigt, um sich durchzusetzen, jedoch auf das Familienoberhaupt oder den Clan- oder Stammesführer zu hören hat. Und oft, um die Seinen zu schützen, muss man an kriegerischen Auseinandersetzungen teilnehmen, wobei man das Rauben, Verletzen und Morden kennenlernt – oder selbst davon betroffen wird. Am Anfang werden wir oft Mittäter. Aber schon in einem der nächsten Leben wird unser Ego derart ausgedehnt sein, dass wir uns aus dem Trieb heraus, mehr haben zu wollen, an dem Eigentum anderer vergreifen, sei es, dass wir uns deren Hab und Gut aneignen wollen oder uns deren Frauen und Töchter unterwerfen. Jetzt haben wir uns als Täter ganz weit von der göttlichen Liebe entfernt. Und nun beginnt das große Inkarnationsspiel.

Es gilt, den Weg zurückzufinden zur göttlichen Liebe in uns, die in unserem Inneren, wenn auch ganz winzig, weiterhin lodert. Und auf dem Weg zurück zur bedingungslosen Liebe hilft uns als

Lernmittel das Karmagesetz. Denn durch die vielen Leben, die wir beim Zurückfinden zur totalen Liebe durchwandeln, werden wir jedes Mal mit unseren Taten konfrontiert, die wir durch unsere Gedanken, unsere Worte und vor allem durch unser Handeln verursacht haben. So werden wir, wie schon erwähnt, wieder zur totalen Liebe konditioniert. Das Karma ist dazu das wohl ausgeklügelste Hilfsmittel - und es ist immer gerecht. Wer Lieblosigkeit an anderen begeht, wird mit Lieblosigkeit konfrontiert. Und wer liebevoll mit anderen umgeht, wird mit liebevollen Menschen belohnt werden.

Da sich aber Konsequenzen aus mehreren Leben in einem Leben überschneiden können, kann es wohl sein, dass man darin sowohl negative wie auch positive karmische Auswirkungen erlebt. So kann ein liebevoller Ehemann und Vater plötzlich aus karmischen Gründen in einen Unfall verwickelt sein, der ihn hinfort an den Rollstuhl fesselt.

Karmafreie Täter und Opfer

Nur selten ereilen uns Schicksale ohne karmische Färbung. So äußerte sich einmal ein im Sterben liegender Bischof der Ärztin Elisabeth Kübler-Ross gegenüber, dass er in einem nächsten Leben als armes Mädchen in Afrika wiedergeboren werden möchte, um dann im frühen Alter an Unterernährung zu sterben. Und auf die Frage hin, warum er sich nicht ein schöneres Leben aussuche, antwortete dieser, dass er im heutigen Leben nicht genug Mitgefühl für die hungernden Kinder dieser Welt hatte. Er möchte auf diese Weise erfahren, wie es ist, hungern zu müssen.

Auch könnte es sein, dass sich eine Seele, die eigentlich keinen karmischen Ausgleich mehr benötigt, trotzdem zur Verfügung stellt, um anderen zu helfen, ihren karmischen Ausgleich zu erfahren. So kann sich ein Rabbiner im Jenseits dazu bereit erklärt haben zu inkarnieren, um im Holocaust seine Glaubensgenossen in ihrem Leid zu unterstützen. Jedoch kann er ihnen nicht den karmischen Ausgleich abnehmen, wie zum Beispiel einige indische Gurus ihren Anhängern weismachen wollen. Auch der zypriotische Magus von Strovolos meinte, seinem an körperlichen Gebrechen leidenden Enkel Bürden abnehmen zu können. Wahrscheinlich vermag er auf höheres Zustimmen hin die Leiden seines Enkels für den Moment oder sogar für längere Zeit, wenn nicht sogar für das gegenwärtige Leben aufzulösen, doch wird jenen Jungen sein karmisches Schicksal in einem Folgeleben einholen. Niemand vermag sich seinem Schicksal zu entziehen, es sei denn, er erlöst sich von seinen karmischen Banden durch Vergebung. Doch davon wird später ausführlich die Rede sein.

Und es gibt noch eine interessante Variante, wobei ein Täter sich nicht karmisch verschuldet. Bei der Vorbereitung für ein erneutes Erdenleben mag es sein, dass eine Seele, die vormals als Mann fremdgegangen war und dadurch große Schuld auf sich geladen hatte, nun beschließt, in dem neuen Erdenleben weiblichen Geschlechts zu sein, um von ihrem Ehemann betrogen zu werden und somit das Vergehen aus dem Täterleben auszugleichen. Sie mag daher zu jenen Seelen gehen, von denen sie weiß, dass sie Männer sein werden. Nun bittet sie den ein oder anderen, ihr ein Ehemann zu werden, der fremdgeht und sie dadurch in großes Leid stürzt. In solch einem Falle bleibt dieser ihr seelische Schmerzen zufügende Ehemann karmafrei.

An dieser Stelle wollen wir schon unterstreichen, dass kein Schicksal, wie grässlich es auch sein mag, unbegründet an einem vollzogen wird. Denn der Grund für solche schmerzlichen Erfahrungen heißt "Karmaausgleich". Und wir verstehen jetzt auch, dass der weise tibetische Dalai-Lama amerikanischen Reportern gegenüber auf deren Frage, warum wohl die Chinesen sein Land genommen und so unendlich viel Leid über sein Volk gebracht haben, antwortete, dass all dies mit Karma zu tun habe. Denn Karma ist der Motor, der unsere Seele von der Lieblosigkeit zur Liebe führt.

Vorbereitungen für eine bevorstehende Reinkarnation

Unsere Untaten – das sind immer Taten aus Lieblosigkeit –, die wir aus karmischen Gründen wieder auszugleichen haben, werden in einer Art karmischem Logbuch eingetragen, und eine Seele, die sich für eine erneute Inkarnation entscheidet, wird von ihrem Geistführer oder karmischen Berater darauf hingewiesen, was noch an karmischen Ausgleichsgeschehen vorzunehmen ist. Da man meist die Notwendigkeit einsieht, einen karmischen Ausgleich anzustreben, wählt man sich das ein oder andere aus, um es abzugelten. Es obliegt dabei unserem freien Willen, wie viel davon wir uns für das bevorstehende Leben aufladen wollen, denn es ist unsere Entscheidung, mit welchen Erfahrungen wir unsere neue Inkarnation befrachten wollen. Wir lassen uns bei dieser Auswahl gerne von Wissenden beraten. Und sie weisen uns auch darauf hin, dass wir uns nicht zu viel aufbürden sollten, kann man sein Päckchen doch über mehrere Leben verteilt abtragen. Meistens befolgen wir derlei Ratschläge.

Doch ganz Eifrige entscheiden sich trotz aller gut gemeinten Einwände dafür, in dem bevorstehenden Leben alle noch anstehenden karmischen Ausgleichsgeschehen durchzustehen. Und da wir den freien Willen haben, werden die Schicksalsfügungen in die Lebensplanung geschrieben. Nun mag solch ein Leben die schlimmsten Heimsuchungen beinhalten. Es mag sein, dass diese Seele körperlich durch Gewalt oder durch Unfälle und Krankheiten zu leiden haben wird, dass sie seelisch vereinsamt, gemobbt oder hintergangen wird, dass jede Liebesbeziehung mit einer Katastrophe endet, dass ihr Kind früh stirbt, dass sie verurteilt wird, dass sie sich als Frau prostituiert oder dass sie, so sie ein Mann sein wird, all ihren Reichtum durch Fehlspekulationen verliert. Daneben gibt es noch vieles andere, was eine Seele körperlich, seelisch oder geistig an Leid erfahren könnte. Und oft suchen dann Inkarnierte, die unter solch einem Selbstbestrafungsmechanismus leiden, bei alternativen Beratungs- und Heilangeboten Hilfe. Besonders Rückführungstherapeuten können ein Lied davon singen, und sie wissen, mit welchen Belastungen solche Klienten oft zu ihnen kommen. Doch wir müssen uns bewusst machen, dass wir uns alles, was uns in einem Erdenleben begegnet, selbst ausgesucht haben oder uns von unseren Karmaberatern vorschlagen ließen, weil wir es als notwendig erachtet haben. Es widerfährt uns auf Erden nichts, was wir nicht mit unserem freien Willen abgesegnet hätten.

Auf die Frage hin, ob Jenseitige sich in unsere karmischen Erlebnisse einmischen können, möchte ich aus dem Buch *Ihr seid nicht allein* von James von Praagh (S. 149) zitieren: *"Ins Karma eines Menschen können sie nicht eingreifen, denn das ist der natürliche Lauf der Dinge, der für den*

Lernprozess der Seele erforderlich ist. Was sie allerdings schon können, ist, die Seele dahingehend zu beeinflussen, dass sie ihre Entscheidungen in Liebe trifft. Die Entscheidung selbst nehmen sie uns nicht ab." Jedoch gibt es hohe geistige Führungskräfte, die uns in jene Situationen zu führen haben, in denen wir den karmischen Ausgleich erleben. So mag einer Frau plötzlich der Gedanke eingegeben werden, mit einem Korb allein in den Wald zu gehen, um Pilze zu sammeln. Doch dort wird sie von zwei Männern vergewaltigt, da dieses Geschehen schon als karmischer Ausgleich geplant war. Und manches Mal haben sensible Menschen bereits eine Vorahnung, dass ihnen etwas Schlimmes passieren könnte, da sie sich unbewusst an die Planung sowie ihren Inkarnationsprozess erinnern, dem sie aus freiem Willen zugestimmt haben, da er als - nochmals - notwendiges (man beachte das Wort: "Es wendet die Not") Ausgleichsgeschehen erachtet wurde.

Durch Rückführungen können wir unsere früheren Leben aufdecken und auch nachschauen, wo unsere Schicksalsschläge, unsere Ängste, unser seelisches Leid, unsere Beziehungsprobleme, unsere körperlichen Behinderungen oder Schmerzen, unsere Allergien - ja, wo alles, was uns im gegenwärtigen Leben lästig oder schmerzlich erscheint, seinen Ursprung hat. Und wir können erfahren, wie es sich durch andere frühere Leben hindurch bis ins heutige auswirkte.

Seelen mit wenig Erdenerfahrungen werden ihre Aufgaben meist von höheren Wesenheiten gestellt, denen die jeweilige Seele auch zustimmt, wissen doch die hilfreichen Lebensplaner, was uns "formt" beziehungsweise was für uns die nächsten Lernschritte samt Karmaauswirkungen sein werden. Seelen, die schon einige Erfahrungen gesammelt haben, können Wünsche äußern, denen man zumeist nachkommt. Seelen mit sehr vielen Erdenerfahrungen und auch höherem Wissen können ihre bevorstehenden Erdenleben selbst planen.

Die Bedeutung von Täterleben

Wie wir also sehen, bedingen Täter und Opfer einander. Wohl jeder Mensch war in früheren Leben schon oft Täter und dementsprechend auch Opfer gewesen. Meist resultieren aus einem heftigen Täterleben mehrere Opferleben. Und in den meisten Täterleben waren es Männer, während die Frauen als Opfer das erfahren mussten, was ihre Seelen in Täterleben als Männer verübt hatten.

In oder besonders nach jedem Täterleben "verleibt" sich die Seele Schuldgefühle ein. Entweder entstehen diese noch im Verlauf eines Täterlebens kurz vor dem Tod oder unmittelbar nach dem Tod, wo wir meist schon bereuen, was wir an

Lieblosigkeiten begangen haben. Aber es gibt auch Täter, die selbst nach dem Tod keinerlei Reue zeigen. Diese werden zumeist von einem Geistführer in die dunklen Sphären gebracht, wo sie oft in einem düsteren Raum verweilen müssen, entspricht dieser doch dem eigenen Seelendunkel. Und der die Seele dort immer wieder aufsuchende Geistführer wird sie auffordern, sich in die Lage der von ihr Geschädigten oder gar Ermordeten zu versetzen, um deren Gefühle nachvollziehen zu können. Und schon bald spürt die Seele bei der Erinnerung an ihre Untaten Reue. Dieser Prozess ist ein gängiges Mittel, um eine mit großer Schuld beladene Seele zur Einsicht und somit zum Umdenken zu bewegen.

Ist dieser Reueprozess abgeschlossen, darf sie in die lichtvolle höhere Welt zu ihrer Kernfamilie zurückkehren, die sie zu ihrer Umkehr beglückwünscht. Und etwas wird die Seele sehr erstaunen. Denn die durch sie Geschädigten oder gar Ermordeten kommen meist mit einem gütigen Lächeln auf sie zu und umarmen sie sogar, was sie zuerst gar nicht verstehen kann. Denn diese müssten sie doch anklagen, vor ihr mit Verachtung ausspucken oder ihr Böses androhen. Doch jene, die ihr mit Liebe begegnen, haben in der Zwischenzeit im Jenseits durch Bewusstseinsschulung schon erfahren, dass dieser einstige Bösewicht ihnen behilflich war, um sich ihrer karmischen Bürden zu entledigen. Ja, sie können ihm jetzt sogar dankbar dafür sein.

Viele, die grausame Schicksale erleiden, klagen Gott dafür an oder verfluchen ihn gar. Doch Gott, wie Sai Baba sagt, ist "kein trunkener Spieler". Alles hat einen Sinn. Die göttliche Ordnung hat das Karmagesetz erschaffen, um uns den Weg zur Liebe zu zeigen. Alles, was wir an Schicksalsschlägen erfahren, haben wir selbst verursacht. Wir können deshalb nicht anderen die Schuld dafür geben, sondern der Finger muss immer auf uns selbst gerichtet sein. Denn Gott liebt uns bedingungslos. Auch jetzt befinden wir uns als Teil der göttlichen Einheit in Verbindung mit jener unermesslichen Liebe. Wir sind nicht aus diesem Paradies verstoßen worden. Wir wohnen auch jetzt in ihm. Wir haben uns nur aus eigener Entscheidung in bestimmte Vorstellungswelten begeben, um den Weg von der Lieblosigkeit zurück zur göttlichen Liebe zu gehen. Schon die alten Inder sprachen schließlich immer davon, dass alles in und um uns Maya ist, also pure Imagination - und wir haben uns mit einer individuell geprägten Seele in dieses große Vorstellungsdrama hineinbegeben. Nun aber befinden wir uns darin mit all den Lernprogrammen, die wir für uns zusammengestellt haben. Und nun müssen wir auch verstehen, dass es im Grunde keine Schuld gibt. Denn Täter werden zu Schuldigen gemacht, damit das Karmaspiel beginnen kann. Im Grunde sind wir jedoch alle schuldlose Kinder des übergroßen Einen - oder anders ausgedrückt: Wir als Gott innewohnende Teile haben uns selbst den Karmazyklus auf dem Planeten Erde erschaffen. Niemand ist deshalb dafür verantwortlich - lediglich wir selbst. Und nun können wir auch Sai Baba verstehen, wenn er sagt: "Ich bin Gott. Doch ihr seid auch Gott. Der einzige Unterschied zu mir besteht darin, dass ich es weiß, ihr aber nicht."

Familien- und Gruppenkarma

Das Karmagesetz erstreckt sich nicht nur auf Individualseelen, sondern kann sich auch auf Familien oder andere Personen, ja sogar auf ganze Gemeinden oder Völker beziehen, die in irgendeiner Weise zusammen gegen die Liebe verstoßen haben. Beschließt zum Beispiel eine Familie, jemanden, der nach ihrem Wissen unschuldig ist, vor Gericht mit einer falschen Aussage zu belasten, wodurch jener sein Eigentum verliert, dann kann es wohl sein, dass diese Familie durch ein Sofort-Karma noch im selben Leben ebenfalls ihr Haus verliert – spätestens aber in einem Folgeleben, wo die Familie aus karmischen Gründen wieder eine

Einheit bilden wird. Dann wird auch sie ihr Hab und Gut durch eine Naturkatastrophe oder einen Brand oder Ähnliches verlieren.

Unter Sofort-Karma - im Englischen *instant karma* genannt - versteht man demnach die direkte Auswirkung des Gesetzes von Ursache und Wirkung. So kann zum Bespiel auch ein ganzer Ort, der als Mob gegen seine jüdischen Mitbürger vorgeht, sie aus ihren Häusern zerrt, sie unter Schlägen vertreibt und sich an ihrem Eigentum vergreift, noch im selben Leben später von Fliegerbomben zerstört werden. Oder alle müssen vor hereinrückenden Feinden fliehen und verlieren all ihr Hab und Gut. Denn das Gesetz von Ursache und Wirkung (*Was du anderen antust, tust du dir selbst an!*) kann sich eben auch auf Gruppen oder auf Gemeinden beziehen, wobei jene von solchen karmischen Heimsuchungen ausgenommen werden, die sich nicht an den Untaten beteiligt hatten.

Und hier stellt sich die Frage: Wer lenkt eigentlich die karmische "Vollstreckung", so dass nur diejenigen in einer Gruppe darunter leiden, die sich karmische Schuld aufgeladen haben, während andere verschont bleiben? Hier können wir nur mutmaßen. Denn es gibt wohl jenseitige Karmahüter, die für jeden Einzelnen - auch innerhalb einer Gruppe - genau die für ihn passenden karmischen Auswirkungen herbeiführen. Denn das Karmagesetz ist gerecht, und niemandem widerfährt irgendein Schicksalsschlag, der nicht gerechtfertigt wäre. So können bei einem Fliegerangriff genau die Häuser zerstört werden, in denen die Familien wohnen, die aus karmischen Gründen ihr Haus verlieren müssen. Dabei kommen aber nur diejenigen um oder werden schwer verletzt, die dieses Schicksal erleben sollen. Ich habe in meinem Buch *Das große Karmahandbuch* das Beispiel von einem Psychiater angeführt, der wegen einer bevorstehenden Herzoperation zu mir kam, um herauszufinden, warum er diese Herzprobleme hatte. In einem "Täterleben" als napoleonischer Offizier stach er bei einem Duell einem Rivalen, dem er schon den Degen entwunden hatte, seinen eigenen Degen mitten ins Herz, da er dessen

Geliebte ganz für sich haben wollte. Den karmischen Ausgleich erlebte er im Ersten Weltkrieg, als er als Meldegänger von einem Schützengraben in den nächsten zu rennen hatte, wobei Tausende von Kugeln um ihn herumschwirrten, die ihn irgendwo am Körper hätten treffen können. Aber eine dieser Kugeln musste ihn aus karmischen Gründen mitten ins Herz treffen.

Alles, was wir als Einzel- oder Gruppenschicksal erleben, unterliegt demnach nicht dem Zufall, sondern ist mit Bedacht für uns ausgesucht worden. Über unser Leben waltet eine höhere Gerechtigkeit.

Ein gutes Beispiel für ein Gruppenkarma von drei Männern gibt das berühmte amerikanische Medium James van Praagh in seinem Buch *Ihr seid nicht allein* (S. 161 ff.) wieder. Eine Mutter, die ihre drei Söhne bei einem Brand im Auto verloren hatte, kam zu ihm. Durch ihn meldete sich einer der drei Verstorbenen und sagte, dass es sich bei dem Unfall um ein karmisches Ausgleichsgeschehen gehandelt habe, das beglichen werden musste. Als die Mutter Genaueres darüber erfahren wollte, berichtete er weiterhin, dass sie sich alle drei als Soldaten im Vietnamkrieg getroffen hatten und dann zu dritt betrunken in einem Jeep gefahren waren. Als sie ein Auto auf sich zukommen sahen, hielten sie es an. Ein vietnamesisches Ehepaar hatte sich darin aus Angst zu verstecken versucht. Aber die drei beschossen das Auto, das sofort in Flammen aufging, so dass das Ehepaar verbrannte. Und einer der Brüder sagte aus dem Jenseits mit der Stimme von James: "Weint nicht um uns. Wir mussten das durchmachen. Und jetzt sind wir endlich frei." An diesen drei Brüdern hatte sich also ein Sofortkarma in der Gruppe manifestiert.

Die drei Hauptgruppen von Karma

Edgar Cayce, das berühmte Medium, unterscheidet drei Hauptgruppen von Karma. In meinem Buch *Das große Karmahandbuch* habe ich noch weitere Unterkategorien hinzugefügt, doch in diesem Zusammenhang wollen wir uns auf die drei Hauptgruppen beschränken.

Das wohl am häufigsten in Erscheinung tretende Karma nennt Cayce "Bumerangkarma". Denn das, was man einem anderen aus Lieblosigkeit angetan hat, kommt in gleicher oder ähnlicher Weise auf einen zurück. Beispiele dafür sind oben schon angeführt worden. Schlage ich zum Beispiel jemandem den Kopf ein, wird mir einmal ein Gleiches oder Ähnliches widerfahren, sei es durch eine Person oder durch einen Unfall. Und in späteren Leben leide ich oft noch unter den Nachwirkungen dieses Schicksals, indem ich Kopfschmerzen oder gar Migräne habe. Aber Gott sei Dank hat die Vorsehung es so geplant, dass es mit dem Beginn des Wassermannzeitalters die Möglichkeit gibt, sich mittels der Rückführungstherapie in den meisten Fällen ganz oder teilweise von solchen Nachwirkungen zu befreien.

Das zweite von Cayce hervorgehobene Karma nennt er “Organismuskarma”. Dieses besagt, dass sich körperliche Eigenheiten in einem der folgenden oder schon im nächsten Leben in das Gegenteil verwandeln. Bin ich an Unterernährung gestorben, kann ich mir beispielsweise die Programmierung auferlegt haben, nie wieder Hunger leiden zu müssen. Mit einer solchen Programmierung kann es sein, dass ich in einem oder in mehreren Leben zu Körperfülle neige, damit der Körper über genug Reserven verfügt. Auch kann es sein, dass eine zu dünne Frau, die deshalb gemobbt oder von Männern gemieden wird, sich im Nachhinein programmiert, nie mehr dünn zu sein, weshalb sie im heutigen Leben unter ihrer Körperfülle leidet.

Als drittes führt Cayce das "symbolische Karma" an. Habe ich mich als hochgewachsene Person in einem früheren Leben kleinen Menschen gegenüber abfällig verhalten, kann es gut sein, dass ich mich in einem Folgeleben als Kleinwüchsiger erleben muss.

Ihnen, verehrte Leserin und verehrter Leser, wird das Karmagesetz in seinen Wirkungsweisen am besten klar, wenn wir uns einigen Beispielen zuwenden, die ich beschreiben möchte. Doch bevor wir dazu übergehen wollen, ist es notwendig, die Vorgehensweise in der Rückführungstherapie kennenzulernen.

Die Praxis der Rückführungstherapie zur Auflösung von karmischen Nachwirkungen

In dieser Zusammenfassung kann ich Ihnen nur einen kurzen Überblick über die Praxis der Rückführungstherapie geben. Ausführlich ist diese in dem zweiten Teil meines Buches *Das große Handbuch der Reinkarnation* beschrieben.

Nebenbei sei bemerkt, dass Täter in der Regel keinen Rückführungstherapeuten aufsuchen, halten diese doch Reinkarnation und gar Karma für totale Spinnereien. Uns suchen meist Klienten auf, die mit den Nachwirkungen aus Opferleben zu kämpfen haben oder die immer noch unter karmischen Auswirkungen leiden.

Nachdem der Klient in einem ausführlichen Vorgespräch sein Hauptproblem samt seiner übrigen Probleme dargelegt hat, legt oder setzt er sich hin, woraufhin er in eine leichte Trance versetzt wird. Über eine Wiese (bei Klienten mit Heuschnupfen wird er über einen Sandstrand geführt), die er imaginiert, gelangt er zu einer Heilquelle. Nachdem er davon getrunken hat, umgeben ihn rosa Wolken und geleiten ihn in ein Wolkenbett. Hier bittet er sein Höheres Selbst, seinen Schutzengel oder seinen Geistführer, ihn zu der Ursache seines Problems zu führen. Das Höhere Selbst, das sich dort meistens unsichtbar oder als Engel sichtbar einfindet, schwebt mit ihm zu einer langen Wolkenwand mit vielen Toren. Es führt ihn dann genau vor das Tor, hinter welchem die Ursache oder eine der Ursachen für sein Problem zu finden ist. Nachdem er aus einem ihm dargereichten Fläschchen, dessen Flüssigkeit ihn befähigt, gleich alles wahrnehmen, fühlen und wissen zu können, getrunken hat, öffnet sich dieses Tor.

Er befindet sich nun augenblicklich in jenem Leben, in dem die Ursache seines Problems zu finden ist - und zwar einen Tag vor der Begebenheit. Hier wird nun zuerst festgestellt, wer er ist, wie alt, welchen Beruf er ausübt, ob er verheiratet ist oder nicht, wo er sich augenblicklich befindet und in welcher Umgebung sowie in welchem Land. Genauso weiß er meist auch sofort seinen Namen und die betreffende Jahreszahl. Und dann wird bis drei gezählt, und er befindet sich einen Tag weiter bei der Ursache seines Hauptproblems. Meistens ist er in einem Opferleben, das er nun mit all den schmerzlichen Erfahrungen und allen involvierten Personen genau beschreiben kann.

Endet sein Leben, so wird er gefragt, was er nie wieder erleben möchte. Und nun formuliert er die Verzichtsaffirmation: "Ich will nie wieder ... (zum Beispiel: Hunger und Armut erleben)." Diese Verzichtsaussagen sind Programmierungen, die sich in seinem Unterbewusstsein festsetzen und sich in späteren Leben auswirken können.

Haben ihn die Häscher mit ihren Hunden, die ihn schon gebissen haben, auf einer Wiese eingeholt, auf der er erschöpft zusammengebrochen ist, und ihm mit Messern in den Bauch gestochen, so dass er starb, so sind all die Schwingungen, die er in diesem Todesschock erlebte, in seinem Seelenkörper verankert. Er wird in den Folgeleben außer vielen Magen- und Darmproblemen besonders große Angst haben, verfolgt zu werden, was sich auch in seinen Träumen manifestieren könnte. Er wird außerdem entsetzliche Angst vor Hunden haben, und der Ort, an dem dies passierte, die Wiese, wird ebenfalls "erinnert" werden, so dass er heute unter einer Pollenallergie oder Heuschnupfen zu leiden haben dürfte.

Wieder vor das Wolkentor zu ihrem Höheren Selbst zurückgekehrt, erholt sich die Seele schnell von dem soeben Erlebten. Ihr wird erklärt, inwiefern dieses Erlebnis mit ihrer Verfolgungsangst zusammenhängt, und es wird ihr auch offenbart, welche der damaligen Personen sie gegebenenfalls im heutigen Leben wiedertrifft - und warum sie sich wiederbegegnen sollen.

Danach wird das Höhere Selbst befragt, ob es noch ein weiteres früheres Leben gibt, das mit dem aufzudeckenden Symptom zusammenhängt. Und so kann es sein, dass noch ein, zwei oder sogar noch mehrere Leben aufzusuchen sind, was zum Beispiel bei Migräne meistens der Fall ist, liegen die Gründe dafür doch in mehreren Leben, in denen man schwere oder gar tödliche Kopfverletzungen erleiden musste.

Sind alle Opferleben wiedererlebt worden, bittet man sein Höheres Selbst, einen nun in jenes Leben zu führen, wo die Urursache, also der eigentliche Grund für jene Opferleben, zu finden ist. Und vor jenes Wolkentor getreten, befindet man sich im Täterleben direkt bei der Ausübung seiner lieblosen Tat. So hat man, um bei unserem obigen Beispiel zu bleiben, im Falle heutiger Kopfschmerzen oder bei Migräne meist einem oder mehreren Menschen den Kopf eingeschlagen oder Ähnliches.

Nachdem nun alle für das betreffende Problem wichtigen Leben aufgedeckt worden sind, geleitet das Höhere Selbst den Klienten auf den Berg der Erkenntnis. Von hier oben sieht er all die aufgedeckten Leben unter sich ausgebreitet, rechts beginnend mit dem Täterleben, dann nach links hin alle Opferleben der Reihe nach, während sich ganz links sein heutiges Leben befindet. Nun muss er selbst mit der Unterstützung seines Höheren Selbst die Zusammenhänge erkennen, warum er heute unter bestimmten Dingen zu leiden hat. In seinem Trancezustand sind derlei Erkenntnisse übrigens weit treffender und "einsichtiger" als jene, die durch Nachgespräche gewonnen werden können.

Dem Klienten wird nun von seinem Höheren Selbst ein goldener Kelch gereicht, in welchem sich die Flüssigkeit der Liebe, der Vergebung und der Leid- und Schuldauflösung befindet. Mit diesem begibt er sich zuerst in das Täterleben und reicht ihn all denen, denen er Lieblosigkeiten zugefügt hat. Dabei ist es egal, ob er den Kelch einer Einzelperson oder mehreren oder gar einer Gruppe reicht, denn der Kelch ist unerschöpflich. Er bittet nun all jene, ihm von ganzem Herzen zu vergeben, was meist ohne Komplikationen geschieht. Meist nicken oder lächeln ihm die ehemaligen Opfer sogar freundlich zu. Daraufhin reicht er dem Täter, der er damals selbst war, den Kelch und spricht ihn frei von aller Schuld, indem er sagt: "Trinke daraus, damit du dich nun von all der Schuld befreist, denn deine Seele hat bis ins heutige Leben hinein jene Lieblosigkeit durch vermehrte Liebe aufgelöst."

Auf den Berg der Erkenntnis zurückgekehrt, gießt das Höhere Selbst den Kelch nochmals auf, so dass sich der Klient in jedes Opferleben begeben und all denen vergeben kann, die ihm damals Leid zugefügt haben – weiß er doch jetzt, dass er ihnen eigentlich dankbar sein muss, weil sie ihm dabei geholfen haben, sein Karma aufzulösen. Zuletzt geht er jeweils zu der Person, die er damals war, reicht sich den Kelch und sagt sinngemäß: "Trinke davon, damit dein ganzes damaliges Leiden (dieses wird beim Namen genannt) nun aufgelöst ist."

Als Letztes geht er mit dem wiederum aufgefüllten Kelch in sein heutiges Leben und reicht all jenen den Kelch, die in seinen vergangenen Leben in irgendeiner Rolle als Täter oder Opfer mitgewirkt haben. Er vergibt ihnen oder bittet sie um Vergebung, indem er sie aus dem Kelch trinken lässt. Und dann steht er wie vor einem Spiegel vor sich selbst und sagt: "Trinke davon, damit nun dein Leid (zum Beispiel deine Angst, deine Kopfschmerzen, dein Magenleiden, dein Heuschnupfen, deine Disharmonie mit deiner Frau und so weiter) aufgelöst ist."

Auf den Berg der Erkenntnis zurückgekehrt, trinkt er den Rest aus dem goldenen Kelch aus. Das Höhere Selbst reicht ihm nun einen großen Kiefernzapfen und sagt: "Stopfe jetzt alles dort hinein, was du aufgelöst hast, und sage dann jeweils dreimal, von was du dich befreist." Und nun können all die Dinge, die aufgedeckt worden sind, samt den Schuldgefühlen aus dem Täterleben dort hineingestopft werden. Daraufhin entzündet das Höhere Selbst ein Lichtfeuer und fordert die

Seele auf, den nun schwer gewordenen Zapfen hineinzulegen, denn das Feuer löst den Zapfen samt dem ganzen Inhalt auf. Anschließend wiederholt man auf Aufforderung des Höheren Selbst hin jeweils dreimal für jedes Symptom, von dem man sich nun befreit hat, die Affirmation: "Ich bin frei von ..."

Alsdann wird die Seele aufgefordert zusammenzufassen, was sich von nun an positiv in ihrem Leben verändern wird. Das Höhere Selbst hüllt sie anschließend in einen Kokon mit einer sehr hohen Lichtschwingung, in der sich eine ganz, ganz hohe Liebesschwingung befindet, die nun alles im körperlichen, seelischen und geistigen Bereich durchflutet und alles in Harmonie bringt. Dies wird von jedem Klienten als äußerst wohltuend empfunden.

Wieder über das Wolkenbett zurückgeführt, gelangt er zu jener Wiese, wo er aus der Heilquelle trinkt. Hier erblickt er hinter dieser eine in den Boden eingelassene Wanne, gefüllt mit diesem warmen Heilwasser. Nachdem er sich entkleidet hat, geht er zu der Wanne und steigt in das angenehm warme Wasser. Die Heilenergie dringt nun durch die Poren der Haut, geht zu jeder einzelnen Zelle und versieht sie mit Heilkraft und Liebe. Besonders spürt er diese dann an jenen Stellen, an welchen seine Symptome ihm vorher Schmerzen bereiteten. Diese Stellen werden nun ganz intensiv geheilt. Alsdann steigt er wieder aus der Wanne heraus und geht in neuer Kleidung über die Wiese zurück in jene Richtung, aus der er gekommen ist. Dabei wiederholt er seine Affirmation dreimal: “Ich bin frei von ...” Und nicht zu vergessen ist: “Ich bin frei von allen Schuldgefühlen!” Denn diese haben einen großen Einfluss, sind sie doch oft noch mit einem Selbstbestrafungsmuster verknüpft, das es einem nicht erlaubt, Freude zu erleben; stattdessen scheint alles in die falsche Richtung zu laufen.

Die Erfolge dieser Therapieform sind verblüffend, wovon auch so mancher Mediziner oder Therapeut, der sich bei mir solch einer Rückführung unterzogen hat, berichten könnte. Diese Art einer Rückführungstherapie ist mir, wenn ich das mit aller Bescheidenheit sagen darf, zum größten Teil eingegeben worden, und eine ganze Reihe von Rückführungstherapeuten, die von mir ausgebildet worden sind, arbeitet erfolgreich mit dieser Methode. Der Siegeszug der Rückführungstherapie wird sich in der Heilkunde nicht aufhalten lassen.

Nun aber zu den angekündigten Beispielen, die helfen werden zu erkennen, wie sich das Karmagesetz in das Seelenleben einnistet und sich nach dem oder den Täterleben seinen Weg durch die verschiedenen Opferleben bis ins heutige Leben bahnt.

Die Auswirkungen des Karmagesetzes, wie sie sich in der Praxis der Rückführungstherapie zeigen

a. Bei körperlichen Problemen

1. Kopfschmerzen

(Anmerkung: Alle zu den heutigen Leben gehörenden Namen sind erfunden, um die Identität der betreffenden Klienten zu wahren.)

Beginnen möchte ich bei den körperlichen Problemen am Kopf, wo viele Menschen unliebsame Symptome aufweisen.

Eduard ist einundfünfzig Jahre alt. Er ist Teilnehmer an einem meiner Ausbildungsseminare zum Reinkarnationstherapeuten/-leiter. In solchen Kursen können sich die Teilnehmer in Partnerarbeit oder durch meine Demonstrationen von dem ein oder anderen noch mitgeschleppten Symptom oft gänzlich befreien. An Eduard nun, der mit geschlossenen Augen vor uns auf der Liege lag, führte ich eine Rückführungsdemonstration durch. Eduard ist auf beiden Ohren schwerhörig, und zudem leidet er unter Tinnitus. Seine beiden vor drei Jahren eingesetzten Hörgeräte haben seine Hörfähigkeit jedoch immerhin von fünfundzwanzig auf fünfzig Prozent gesteigert.

In einem Täterleben heißt er Albert und ist ein Wegelagerer. Auch überfällt er ein Ehepaar in deren Haus und sticht der Frau in den Hals. Ihr Mann, der ihr zu Hilfe eilt, zieht sein Messer und verwundet Albert an der Schulter. Doch diesem gelingt es trotzdem, den Angreifer zu erstechen. Seine normale Überfalltaktik besteht darin, bei dem Herannahen eines einzelnen Reiters ein Seil über den Weg zu legen und es plötzlich anzuspannen, so dass Pferd und Reiter stürzen, woraufhin er den am Boden Liegenden erschlägt und ausraubt. Vor seinem Tod mit siebenundsechzig liegt er mit Lungenentzündung in einer Scheune, in der er sich versteckt hält. Er hat, wie er mir mitteilt, im Ganzen etwa zwanzig Leute umgebracht. Nun bereut er seine bösen Taten. Vor das Wolkentor zurückgekehrt, offenbart ihm sein Höheres Selbst, dass jener von ihm Erschlagene im heutigen Leben seine Frau ist, mit welcher er, wie er uns im Vorgespräch offenbarte, eine äußerst disharmonische Ehe führt.

In einem Folgeleben ist er ein Nachtwächter am Burgtor. Er hört nicht, wie sich Feinde an ihn heranschleichen und ihm mit einem Stein auf den Kopf schlagen, so dass er zu Boden fällt und mit einer Lanze in den Rücken erstochen wird. Von seinem Höheren Selbst erfährt Eduard, dass jener, der ihn totschlug, ebenfalls seine heutige Frau ist.

In einem weiteren Opferleben ist er ein Siebenjähriger namens Herbert, der, da er oft etwas zerbricht wie Fenster oder Geschirr, von seinem Vater schmerzhafte Ohrfeigen erhält, so dass auch schon Blut aus den Ohren gelaufen ist. Und nach solchen Züchtigungen kann der Junge plötzlich nicht mehr hören. Im Hospital stellt sich heraus, dass er durch weitere massive Schläge des wütenden Vaters, der auch mit Stöcken auf ihn einschlug, einen Schädelbasisbruch samt massiven Rückenschmerzen erlitten hat. Seine Mutter weilt an seinem Krankenbett, worin er nach einem Monat verstirbt. Vor dem Wolkentor offenbart ihm sein Höheres Selbst, dass jener Vater im heutigen Leben seine Mutter ist, zu der er, wie er im Vorgespräch berichtete, ein "sehr gespanntes Verhältnis" hat, hat sie ihn im heutigen Leben doch ebenfalls kräftig geschlagen.

Ihnen, liebe Leser, wird wohl klar sein, dass es sich bei Eduard um einen karmischen Selbstbestrafungsmechanismus handelt, der sich durch die Opferleben bis ins heutige Leben gezogen hat. Er wollte sich für seine Untaten als Albert nachträglich bestrafen und zugleich an sich erfahren, welche Schmerzen und Untaten er damals an anderen verübt hat. Somit wählte er sich in seinen Opferleben und auch für das heutige Leben genau jene Personen aus, die ihm den karmischen Ausgleich verschafften. Eduard suchte sich diese Mutter und auch seine heutige Frau aus, um als Kind und als Ehemann kein glückliches Leben zu haben. Doch nun steckt er in seinen Zapfen folgende Affirmationen: "Ich befreie mich von Schwerhörigkeit, von meinen Rückenproblemen, von Disharmonie mit meiner Familie, von allen Schuldgefühlen und meinem Selbstbestrafungsmechanismus." Und manches Mal wirken solche Affirmationen sehr schnell. Denn in dem Ausbildungskurs verliebte er sich in eine Teilnehmerin und lebt seitdem in einer glücklichen Beziehung. Und, wie ich später vernahm, seine Rückenschmerzen haben sich um vierzig Prozent gebessert, wie sich auch der Tinnitus um fünfzig Prozent zurückgebildet hat.

2. Augenleiden

Gisela kam in Österreich zu mir, um herauszufinden, warum sie schon seit ihrer Kindheit aufgrund einer Hornhautverkrümmung eine Brille tragen muss. Und sie wollte wissen: "Was will ich nicht sehen?" Sowie: "Was ist in vorausgegangenen Leben wohl mit meinen Augen passiert?"

Im alten Rom um zweihundert n. Chr. ist Gisela ein Patrizier namens Julius. Er hat den Verdacht, dass einer seiner Sklaven mit seiner Frau ein intimes Verhältnis hat. Obwohl es beide abstreiten, lässt er den Sklaven in seiner eifersüchtigen Verblendung blenden. Das Höhere Selbst offenbart ihr vor dem Wolkentor, dass jener Geblendete im heutigen Leben ihr Ehemann und die damalige Ehefrau ihre verstorbene Mutter ist. Im heutigen Leben ist Gisela nun eine erfolgreiche Heilerin. Denn üble Täterleben können sich aus dem Wunsch, Wiedergutmachung zu leisten, über mehrere Inkarnationen hinweg schließlich in ein Leben mit einem Helfersyndrom verwandeln.

3. Halsschmerzen

Edeltraut ist eine sechsundvierzigjährige Therapeutin. Als sie mit vierundzwanzig Jahren ihr Baby verlor, begann sie, nach dem Warum zu suchen, las esoterische Bücher und besuchte alternative Seminare. Neben ihrem schon immer schmerzenden Hals, der sie auch beim Sprechen behinderte, musste sie sich einer Nasenpolypenoperation unterziehen. Wir konzentrieren uns nun allerdings auf ihr Halssymptom.

Im Täterleben ist sie ein ägyptischer Baumeister namens Faoné, der im Namen des Pharaos Gebäude zu errichten hat. Da dieser auf Eile drängt, treibt Faoné seine vielen Sklaven zu erhöhten Anstrengungen an. Er peitscht oft willkürlich auf diese ein, und wen er gar als zu langsamen Arbeiter ansieht, dem schlingt er, was seine gefürchtete Spezialität ist, das Peitschende derart geschickt um den Hals, dass die Schnur sich mehrfach darum wickelt, während er an dieser zieht und den um Luft Ringenden erstickt. Von einer seiner Frauen, die er wahrscheinlich auch nicht liebevoll behandelt hat, wird er mit fünfundvierzig vergiftet.

Im vierzehnten Jahrhundert befindet sich Edeltrauts Seele in dem Körper einer Achtzehnjährigen namens Marie, von der man behauptet, eine Hexe zu sein. Auf ihrer Flucht wird sie gefangen und am Hals mit einem Messer verletzt. Schließlich, in ein Verlies gebracht, foltert man sie, um sie geständig zu machen. Man streckt sie, und mit glühenden Eisen verbrennt man sie am Hals und entstellt ihr Gesicht. Nach drei Jahren lässt man sie laufen. Sie verbringt die letzten fünfunddreißig Jahre im Wald als Kräuterfrau, zu der heimlich Leute kommen, um sich Heilkräuter und Essenzen zu besorgen.

In dem nächsten Leben ist sie um die Mitte des siebzehnten Jahrhunderts ein Prinz in Frankreich, dem beim Hochzeitsmahl Gift ins Essen geschüttet wird, so dass er einen grausamen Erstickungstod erleidet [an dieser Stelle muss Edeltraut kräftig husten].
Etwa einhundertfünfzig Jahre später befindet sich die Seele in dem Körper eines marokkanischen Jungen, der mit fünfzehn Jahren beim Stehlen

erwischt wird und den man [hier hustet Edeltraut wieder] öffentlich auf einem Platz erhängt. Nach seinem Tod holt ihn eine lichtvolle Frau ab und führt ihn auf eine Blumenwiese. Hier begegnen ihm viele Kinder, die ihn an die Hand nehmen und mit ihm tanzen.

Aber noch ein drittes Opferleben soll die Seele der späteren Edeltraut erleben. Denn als Dreißigjährige wird sie 1904 in Italien vergewaltigt und dabei auch unbeabsichtigterweise erwürgt. Wie wir erkennen können, lässt das karmische Ausgleichsgeschehen nicht locker. Denn wir können zwischendurch, bevor ein karmisch bedingtes Schicksal wieder zuschlägt, andere Leben haben, die sogar sehr schön und frei von karmisch bedingten Schmerzen sein können. Aber aufgeschoben, wie das Sprichwort sagt, ist nicht aufgehoben.

4. Rückenbeschwerden

Cornelia ist eine fünfundvierzigjährige Heilpraktikerin und lebt seit vierzehn Jahren mit Jochen zusammen, die letzten vier Jahre als Ehepaar. Sie leidet unter starken Rückenbeschwerden und wird gelegentlich von Herzstichen heimgesucht.

Im sechzehnten Jahrhundert wohnte ihre Seele in dem Körper von William, der sich mit einigen Matrosen nach einer Meuterei vom Schiff gestohlen hat und nun mit seinen Gesellen raubt, tötet und vor allem Frauen vergewaltigt. Einer der Frauen, die sich verzweifelt wehrt, schlägt er sogar den Kopf ab, eine andere ersticht er. Von Hass auf sich selbst erfüllt und verarmt erhängt er sich in seinem fünfundsechzigsten Lebensjahr. Seine Großmutter holt ihn ab. Er sträubt sich mitzukommen, hat er doch nichts an Liebevollem vorzuweisen. Nach längerem Zureden lässt er sich jedoch von ihr in die jenseitige Welt führen. Dort wird er von Bekannten aus dem letzten Leben freudig begrüßt und sogar umarmt. Sie reden über ihre Taten. Er bedauert, dass er so roh war. Und jene Frau, die er erstochen hat, kommt ebenfalls freundlich auf ihn zu. Er will sich am liebsten vor Scham verstecken. Sie aber umarmt ihn und sagt, dass sie ihm schon längst vergeben habe, denn wie - sie ihm erklärt - das von ihm an ihr vollzogene Schicksal sei ein karmischer Ausgleich gewesen, da sie Ähnliches wie er in früheren Leben begangen habe. Und er nimmt sich vor, in einer weiteren Inkarnation nie wieder grob, sexgierig und so hasserfüllt zu sein.

In dem folgenden Leben befindet sich Cornelias Seele im Körper eines französischen Adligen namens Henry. Obwohl er verheiratet ist, unterhält er viele Liebschaften. Und einer siebzehnjährigen Magd, die er unbedingt beschlafen möchte, die sich aber wehrt, macht er große Liebesversprechungen, bis sie sich in ihn verliebt und seinem Werben alkoholisiert nachgibt. Nach mehrmaligem Beischlaf wird sie schwanger - und er verschachert sie an einen Höfling. Sie ist darüber derart enttäuscht, dass sie sich erhängt. Er begegnet ihr im Jenseits. Doch sie ist weiterhin tief verletzt und weist ihn ab. Er bittet sie von ganzem Herzen um Vergebung, woraufhin sie entgegnet, seine Liebe zu ihr in einem nächsten Leben nochmals auf die Probe stellen zu wollen.

In einem Folgeleben befindet sich Cornelias Seele in dem einundzwanzigjährigen Holländer Gerd. Er ist Wilderer. Trotzdem wird er von einer Gleichaltrigen namens Maria geliebt. Auf der Flucht vor den Häschern des Grafen wird Maria beschuldigt, ein Verhältnis mit Gerd zu haben und damit indirekt mitschuldig zu sein. Um sich von solcherlei Vorwürfen zu befreien, sucht sie Gerd in seinem Versteck auf und sticht einen Dolch mitten in sein Herz. Den hinzugekommenen Reitern sagt sie, das sie in Notwehr gehandelt habe.

Doch das schlimmste karmische Ausgleichsleben erfährt Cornelia in der Nazizeit als Jude. Dort heißt sie Dieter Pirsten und studiert in Berlin Kunstgeschichte. Anfang der Vierzigerjahre wird er mit seiner Familie nach Auschwitz deportiert, wo er von seiner Mutter und seinen Schwestern getrennt wird und in einer Männerbaracke unterkommt. Auf seinem schwarzweiß gestreiften Sträflingsanzug ist der Judenstern zu sehen. Der diesem Block vorstehende Sträfling trägt dagegen ein rosa Dreieck auf seiner Sträflingsjacke. Dieses bezeichnet ihn als Homosexuellen. Er stellt Dieter unter seinen Schutz und gibt ihm im Block zu arbeiten, so dass er nicht zu schwereren Arbeiten eingeteilt wird. Doch die Bedingung besteht darin, dass er dem Älteren sexuell hörig ist. Nach einiger Zeit weigert Dieter sich, an jenem sexuelle Praktiken vorzunehmen, woraufhin er im Steinbruch zu arbeiten hat. Dort, da er vor Entkräftung nicht schnell genug arbeitet, wird ihm der Gewehrkolben in den Rücken geschlagen. Als er zu fliehen versucht, stirbt er an den Kugeln, die in sein Rückgrat eindringen.

Nun über seinem Körper schwebend, kommen seine beiden Schwestern und seine Mutter auf ihn zu und nehmen ihn an die Hand. Auch der Vater ist auf einmal da. [Cornelia muss plötzlich weinen.] Im Jenseits angekommen, tritt alsbald eine Lichtgestalt auf ihn zu. Vor einer Art Leinwand zeigt diese ihm Bilder aus seinen früheren Leben und erklärt, warum alles so geschehen musste. Denn alles habe einen Sinn. Doch jetzt seien alle karmischen Bande aufgelöst.

5. Rheuma

Die siebenunddreißigjährige Petra ist Psychologin und arbeitet als Verhaltenstherapeutin und Channelmedium. Schon seit über zwanzig Jahren wird sie von Rheuma geplagt, das sich im Laufe der Zeit immer mehr und auf unangenehmste Weise in den Gelenken ausweitete. Vor neun Jahren war es derart schlimm, dass neben den Schmerzen in Knien und Füßen die Finger bis zu den Handgelenken derart steif wurden, dass sie diese nicht mehr bewegen konnte. Gott sei Dank gab es Rheumatabletten, die die Schmerzen verringerten.

Nachdem sie im Wolkenbett ihr Höheres Selbst bat, sie zu der Ursache ihrer rheumatischen Beschwerden zu führen, befindet sie sich hinter dem Wolkentor in einem Täterleben - und zwar als übler fünfundzwanzigjähriger Folterknecht in Deutschland im Jahr 1358; er trägt den Namen Wilhelm. Mit fünf anderen Gesellen lässt er seinen sadistischen Trieben freien Lauf. Zu ihrem Handwerk gehört nicht nur das Strecken der Glieder oder das Vergewaltigen der sogenannten

“Ketzer” und “Hexen”, sondern sie schneiden ihren Opfern auch die Zungen heraus, stecken deren Finger in Fingerschrauben und erfinden neue Foltermethoden, was in ihnen ein Gefühl von Macht und sogar Schadenfreude aufkommen lässt. Aber Wilhelm gerät mit seinen Kumpanen wegen zu begleichender Schulden aneinander. Diese klagen ihn an, mit dem Teufel im Bunde zu sein. Nun wird er von diesen “Teufeln” als Gefangener mit eben denselben Foltermethoden traktiert, die er selbst an anderen ausgeübt hat. Der Hals wird mit einer Metallplatte umgeben, die Finger werden in den Schraubstock gelegt und auf der Streckbank werden ihm die Glieder ausgerissen und die Knie gebrochen. Er wird immer wieder verhört, beteuert aber jedes Mal, kein Teufel zu sein. Schließlich wird ihm auf einem Platz vor vielen, teilweise jubelnden Zuschauern der Kopf abgehackt.

Er schwebt daraufhin über der Hinrichtungsstätte und sieht dcn abgetrennten, blutenden Kopf neben anderen schon abgehackten Köpfen liegen. Und danach befragt, was er nie wieder tun will,

antwortet er spontan: “Ich will nie wieder Schuld auf mich laden.”
Ein Mann kommt auf ihn zugeschwebt, wohl sein Geistführer, und bringt ihn, der vermeint, weiterhin nicht mehr richtig gehen zu können, an einen Ort niedrigster Schwingungsebene, wo er mit anderen zusammenkommt, die ebenfalls schwerste Schuld auf sich geladen haben. Eine Lichtgestalt nähert sich, in welcher er Jesus zu erkennen meint. Ihm wird mitgeteilt, dass er seine Schuld weiterhin abzubüßen habe. Nach tiefster Reue ist er schließlich bereit, in weiteren Leben alles wiedergutzumachen. Hier haben wir ein gutes Beispiel für ein Sofortkarma, das jedoch noch nicht ganz ausgeglichen gewesen zu sein schien.

Schon im nächsten Leben wird die Seele von Petra mit zwanzig im Jahr 1483 Nonne in Italien und heißt Gloria. Sie betreut hinfort das Spital und tut ihr Möglichstes, um Schmerzen zu lindern. Und wenn jemand stirbt, fühlt sie sich schuldig, nicht mehr unternommen zu haben, um das Leben zu retten. Auch hilft sie den durch Vergewaltigungen

schwanger gewordenen Frauen, sich von der ungewollten Leibesfrucht zu befreien. Ein Pfarrer hat sie dabei heimlich beobachtet und sagt, dass das vor Gott eine große Sünde sei. Sie könne sich jedoch wieder davon befreien, indem sie mit ihm schlafe. Nachdem sie sein verwerfliches Ansinnen zurückgewiesen hat, droht er damit, sie der Hexerei anzuklagen. Sie ergibt sich schließlich. Mit fünfundvierzig Jahren verstirbt sie an Unterleibskrebs. Es ist interessant, in der Rückführungstherapie zu beobachten, dass sich Täter nach einem verbrecherischen Leben oft zuerst ein Leben aussuchen, in welchem sie all ihre Vergehen durch Hilfe am Nächsten wiedergutmachen wollen und in welchem sie sich sicher fühlen, nicht wieder rückfällig zu werden. So kommt es immer wieder vor, dass Vergewaltiger in einem folgenden Leben Mönche oder Nonnen werden, um nicht wieder sexuellen Versuchungen ausgesetzt zu sein. So hatte sich Gloria auch für ein Leben als hilfsbereite und von einem Helfer- und Wiedergutmachungssyndrom angetriebene Nonne entschieden, wurde aber trotzdem das Opfer einer Vergewaltigung.

Die Seele von Petra hat sich in einem Folgeleben in einer Chinesin mit Namen Ni Ling verkörpert, die sich mit achtzehn Jahren in einem Harem befindet. Ein Diener beobachtet sie dabei, wie sie eine Brosche stiehlt, und zeigt sie an. Ihr werden daraufhin die Finger abgehackt. Mit dreißig verstirbt sie als Bettlerin.

Im Folgeleben nimmt sich Petra im Körper eines Fünfjährigen namens Nino wahr, der in einem vornehmen Haus als Sohn einer adligen Familie lebt. Seine Hände und Füße sind verkrüppelt. Er humpelt. Nachdem er auch noch von einer Lungenentzündung heimgesucht wird, weisen seine Eltern den Arzt an, den Jungen nicht mehr mit Medikamenten zu versorgen, sondern ihn sterben zu lassen. Bald darauf erleidet er einen Erstickungstod.

In einem weiteren Opferleben befindet sich die Seele von Petra im Jahr 1785 in dem Körper eines dreißigjährigen verarmten Adligen namens Angelo, der sich als Gigolo an reiche, alleinstehende Frauen verkauft. Als ihm eine Dame ein Staatsgeheimnis anvertraut, verrät er dieses, weshalb sein Kopf vor einer Menschenmenge von einem Fallbeil abgehackt wird.

Interessant ist festzustellen, dass man auch karmische Auswirkungen in weit entfernten Ländern - wie hier in China - wiedererleben kann. Jedoch finden die meisten der auszugleichenden Opferleben im selben oder in einem der Nachbarländer statt. Manches Mal liegen sie zeitlich nahe beieinander, doch häufig kommen größere Zeitsprünge vor, so dass Täterleben in der römischen Zeit ihren Ausgleich erst Hunderte von Jahren später finden können. Bei einigen Rheumatikern, die zur Aufdeckung ihrer Leiden zu mir kamen, haben sich im Übrigen ähnliche Täter- und Opferleben gezeigt.

B. Bei seelischen Problemen

Ängste sind wohl das am häufigsten vorkommende psychische Problem, das eine Seele zumeist aus früheren Leben in das heutige mitgenommen hat. Über die verschiedensten Arten von Ängsten und Phobien werde ich noch ein gesondertes Buch schreiben. Ich werde sie in ihren eigentlichen Ursachen aufzeigen – und dabei wird man feststellen, dass eine ganze Anzahl von Ängsten ihren Ursprung auch im heutigen Leben haben können. Aber fragt man in solchen Fällen die in Trance Befindlichen, ob es noch andere Gründe für ihre Angst gibt, dann deckt man weitere und sicherlich viel einleuchtendere Ursachen auf, wie wir im Folgenden sehen werden.

1. Angst vor Schlangen

Die zweiundfünfzigjährige Silke ist eine Teilnehmerin in einem meiner Ausbildungsseminare. Sie hat schon seit ihrer Kindheit eine unerklärliche Angst vor Schlangen. Ich führe bei ihr eine Rückführungstherapie durch, während die anderen Teilnehmer sich mit ihren Stühlen um die Liege gruppiert haben.

Im Täterleben ist Silke ein dreißigjähriger Stammespriester namens Askender im heutigen Belize. Er hat die Rituale zu befolgen, die schon die Urahnen eingeführt haben, und so wird jedes halbe Jahr, um dem Feuergott ein Opfer zu bringen, ein Mädchen nach ihrer ersten Periode geopfert. Askender verbindet dabei einmal einer Elfjährigen, nachdem er ihr einen Beruhigungstrank gegeben hat, die Augen und führt sie zur überdachten Feuerstelle, die dem Feuergott gewidmet ist. Das Mädchen steht nun in der Mitte, während die Männer von außen zusehen. Der Priester stellt einen Korb mit den als heilig verehrten Schlangen neben die Barfüßige, öffnet den Deckel und lässt eine große Rassel erklingen, so dass die Schlangen von Angst getrieben aus dem Korb in die Höhe schnellen und dem Mädchen in die Füße beißen, das nun unter furchtbaren Schreien und unter Zuckungen zusammenbricht. Während sich die Schlangen daraufhin eiligst in dem nahen Buschwerk verkriechen, zeigt das Mädchen keine Bewegungen mehr. Sie wird mit Blumen bedeckt auf einen Opferstein gelegt, und Askender sieht sich

nun die Stellen an, wo sie gebissen worden ist und ritzt diese mit einem Messer auf, um das Blut in einen kleinen Behälter fließen zu lassen. Anschließend wird dieses Blut dem Feuergott zu Ehren in die Flammen gegossen.
Bis zu seinem Ableben hat Askender Dutzende von jungen Mädchen zu Tode gebracht. Und nach seinem eigenen Tod befragt, was er nie wieder tun oder erleben möchte, sagt er: "Ich will nie wieder so grausam sein." Und, man wird es nicht für möglich halten, einige der von ihm getöteten Mädchen holen ihn ab und führen ihn ins Licht.

Im Opferleben ist Silke in Afrika eine dreiundzwanzigjährige Tänzerin, die gestohlen haben soll. Man bindet ihre Hände auf den Rücken und stellt sie beim Brunnen an einen Pfahl. Einige bespucken sie. Nachdem man sie über Nacht eingesperrt hat, wird sie am Morgen dem Kadi vorgeführt, indem man sie über den rauen Boden dorthin schleift, so dass ihre Füße und Hände bluten. Das Urteil lautet, dass sie sich in einen großen Bottich zu stellen habe, in welchem sich giftige Schlangen befinden. Zu Trommelmusik und Flötenklängen muss sie sich mit den Füßen strampelnd der Schlangenbisse erwehren. Schließlich fällt sie um.

Wie wohl alle Riten und Glaubensrichtungen von Männern erdacht worden sind, so ist auch dieses Bestrafungsritual männlichen Hirnen entsprungen. Gibt es auch, so könnte man fragen, für die Männer Kollektivstrafen, um ihre karmischen Schulden auszugleichen? Sind vielleicht Kriege eines dieser Karmaausgleichsgeschehen? Wir müssen noch vieles erkunden, befinden wir uns trotz der alternativen Forschungen und besonders der durch die Rückführungstherapie aufgedeckten Erkenntnisse doch noch immer im Dunkeln. Erst in den höheren Welten werden uns viele Zusammenhänge wohl offenbart werden.

2. Messerphobie

Gabriele ist eine ledige einunddreißigjährige Frau. Sie leidet unter einer Messerphobie und wagt kaum, ein Messer anzufassen. Und wenn sie einmal Fleisch schneiden muss, dann empfindet sie es so, als wenn sie ein lebendiges Tier zerschneidet, und sie hat das Gefühl, als ob sie dabei selbst zerschnitten würde. Etwas unterhalb ihres linken Ohres befindet sich ein zweieinhalb Zentimeter dickes braunes Muttermal. Rechts am Hals ist ein großer Leberfleck zu sehen, während an mehreren Körperstellen - wie auf der Brust, an den Armen oder sogar rechts im Gesicht - noch andere Leberflecke zu sehen sind, von denen sie mir einige zeigte. Natürlich war ich neugierig, was in der Rückführung wohl als Ursache dafür infrage käme. Denn Muttermale, wie wir durch Professor Ian Stevenson nachgewiesenermaßen wissen (man lese das Buch *Reinkarnationsbeweise*), sind Überbleibsel von Verletzungen oft tödlicher Art aus früheren Leben.

Außer ihrer Messerphobie hat Gabriele Bindungsängste, Höhenangst sowie Zukunftsängste, und sie kaut auch an ihren Nägeln. Es war schwer, Gabriele in den Alphazustand zu versetzen. Nach dem dritten im Liegen durchgeführten Versuch setzte sie sich in einen Sessel, und dann klappte es. In dem aufgedeckten Täterleben ist Gabrieles Seele 1249 im Körper eines vollbärtigen, dicken, fünfundvierzigjährigen Wikingers namens Hanbel, bewaffnet mit einem Schwert und einer mit Nagelstacheln besetzten Keule. Letztere hat schon bei einigen von ihm Verwundeten oder Erschlagenen blutige Male hinterlassen. Alle haben vor diesem menschenhassenden Einzelgänger große Angst, denn er hat schon viele ausgeraubt oder umgebracht, Frauen vergewaltigt und andere böse Taten - oft in Trunkenheit - ausgeführt. Man geht diesem unberechenbar Gefährlichen lieber aus dem Weg. Keiner wagt, mit ihm anzubändeln.

Als er ein Jahr später in eine Grube fällt, wirft man ein Netz über seinen Körper, beschwert mit Steinen an den Enden. Er liegt fluchend darunter und kann sich nicht befreien. Und nun wird er mit vielen Pfeilen von oben beschossen, so dass der laut Schreiende schließlich wie ein stachliger Igel aussieht und natürlich sehr schnell "seinen Geist aufgibt". Dieser Ausdruck ist als solcher sehr interessant und mehrdeutig. Denn sein Geistkörper verlässt nun den fleischlichen und begibt sich auf eine Reise. Bei Verbrechern, Sie wissen es schon, wird er sicherlich viele Umwege gehen, bis er nach durchlebter Dunkelheit wieder in eine lichtvolle Welt gelangt, von wo nach gründlicher Rückschau und Vorbereitung eine erneute Talfahrt zur Erde vorgenommen werden kann.

Interessant ist nun festzustellen, dass sich alte Verletzungen selbst nach Jahrhunderten wieder als Muttermale zeigen können. Es kann sein, dass diese Seele in den Leben zwischen dem damaligen und dem heutigen keinerlei Muttermale an ihrem Körper zeigte, diese ihr aber für das heutige "verpasst" worden sind, um sie daran zu erinnern, dass da noch etwas ist, was sie aufzudecken hat. Denn solche Male deuten auf ein gewaltsames Eingreifen, meist mit Todesfolge, hin, sind aber als karmischer Ausgleich anzusehen. Und vielleicht hat diese Seele sich für das jetzige Leben vorgenommen, endlich die noch anstehenden, karmisch bedingten Ausgleichsgeschehen hinter sich zu bringen - samt den damit verbundenen Schuldgefühlen und Selbstbestrafungsmechanismen.

In dem ersten aufgedeckten Leben, das mit dem Wikingerleben karmisch verbunden ist, ist die Seele von Gabriele ein Vierjähriger, der vom Leiterwagen mit dem Kopf auf den Boden fällt und dabei sein Leben verliert.
In einem weiteren Leben sieht sich Gabriele als Vierzehnjährige. Sie lebt mit ihrem Zwillingsbruder bei einer "kalten" Pflegemutter, ohne ihre wirklichen Eltern je kennengelernt zu haben. Anita, so heißt sie, will ihr Leben beenden und stürzt sich von einer Klippe ins Wasser. Sie beobachtet, wie ein Fischer ihre Leiche aus dem Wasser ans Land bringt, und sie ist auch bei ihrer Beerdigung zugegen, der gewöhnlich viele sich schon im Licht Befindliche als unsichtbare Teilnehmer beiwohnen. Und dann beobachtet die unehelich geborene Anita, wie eine Frau einen Kranz auf ihr Grab legt, und sie weiß plötzlich, dass das ihre wahre Mutter ist. Und wie das Höhere Selbst Gabriele erklärt, ist dieses Leben

eine Ursache für ihre Höhenphobie. Aber könnte dieses Geschehen nicht auch ein Ausgleich für das Wikingerleben sein? Hat sich vielleicht ein Mädchen, nachdem jener Wikinger sie vergewaltigte, in seiner Verzweiflung ebenfalls von einer Klippe gestürzt?

In dem darauffolgenden Leben ist Gabriele ein fünfunddreißigjähriger Bankangestellter namens Edwin. Er lebt 1894 in Deutschland und hat eine Freundin namens Isabelle, die er bald zu heiraten gedenkt. Aber sein bester Freund Paul ist ebenfalls total verliebt in sie und neidet sie ihm. In seiner eifersüchtigen Besessenheit zieht er bei einer Auseinandersetzung mit Edwin sein Messer und sticht es ihm in die linke Kopfseite - unterhalb des Ohres.

In einem weiteren Leben sieht sich Gabriele als eine sechzehnjährige Indianerin mit Namen Gewina, und sie übersetzt diesen mit "Leichte Wolke". Im Wald wird sie von einem weißen Mann beobachtet, der sich schließlich über sie wirft und sie vergewaltigt, wobei er so ungestüm vorgeht, dass er ihr durch das Zurückdrücken ihres Kopfes über einen Stamm das Genick bricht. Alsdann schwebt sie, aus dem Körper ausgestiegen, zu ihrer noch auf Erden lebenden Mutter und vermittelt ihr telepathisch, was geschehen ist. Da sie von der Verstorbenen auch den Ort des Verbrechens bezeichnet bekommt, findet man ihren toten Körper genau an der beschriebenen Stelle. Wie ihr nach dem Tod als Gewina von einem Engel und ihrem Höheren Selbst erklärt wird, stammen das große Muttermal am linken Ohr sowie ihre Messerphobie aus dem Leben als Edwin, ihre vielen Leberflecken rühren von den Pfeilen aus dem Leben als Hanbel her, ihre Angst vor Höhe stammt aus dem Leben als Anita, ihre Kurzsichtigkeit entspringt ihrer Angst vor dem Leben überhaupt - und selbst für ihr Nägelkauen erhält sie eine Antwort. Denn dieses geschieht aus dem unbewussten Drang heraus, nie wieder aggressiv zu sein, nie wieder Leute zu verletzen oder Tiere zu schlagen.

c. Bei Blockaden

1. Phlegma

Erika ist eine promovierte fünfunddreißigjährige Ärztin. Sie ist zu mir gekommen, um zum einen herauszufinden, warum ihr Mann sich nach sechzehn Jahren Ehe von ihr trennen will. Zum anderen will sie erfahren, warum sie unter starken Bauchbeschwerden leidet. Und eigenartigerweise ist sie Chirurgin, deren Spezialgebiet Baucherkrankungen sind.

In einem früheren Leben in den USA wurde sie als Mann namens Heinz wegen Vergewaltigungen angeklagt und zu lebenslanger Haft verurteilt. Ein Gefängniswärter schikanierte ihn und verletzte ihn brutal, so dass Heinz jenem schließlich an die Gurgel sprang und ihn erwürgte. Daraufhin schlugen alle Zellenkumpane, die ihn wegen der Vergewaltigung eines jungen Mädchens sowieso schon verabscheut hatten, auf ihn ein und traten ihm in den Bauch, so dass er an den Folgen verstarb.

Ein halbes Jahr später kommt Erika wieder zu mir wegen eines anderen Problems. Sie verkündet mir voller Freude, dass sie ihre Trennung nun gut überwunden habe und dass sich ihre entsetzlichen Bauchbeschwerden um achtzig Prozent gebessert hätten. Sie fasst es in folgende Worte: "Insgesamt geht es mir sowohl seelisch als auch körperlich deutlich besser." Ich freue mich immer besonders, wenn ich Ärzte von den Erfolgen der Rückführungstherapie überzeugen kann.

Das neue Problem, das Erika durch eine Rückführungstherapie lösen will, besteht darin, dass sie sich beruflich gerne verändern möchte, sich aber - wie in vielen anderen Dingen - irgendwie festgehalten fühlt. Es fällt ihr einfach schwer, Neues anzugehen oder eine Stelle, einen Ort zu verlassen. Doch in ihrem Krankenhaus fühlt sie sich unwohl. Sie versteht auch, warum. Denn, was sie schon bei unserer ersten Rückführung festgestellt hat, ihre Arbeitskollegin ist im früheren Leben in den USA jenes Mädchen gewesen, das sie damals vergewaltigt hat, während die Oberärztin ebenfalls eine der damals vergewaltigten

Frauen gewesen ist. Und beide intrigieren gegen Erika und warten eigentlich nur darauf, dass sie kündigt. Aber diesen Sprung schafft sie nicht. An dieser Stelle kann ich aufgrund meiner Erfahrungen mit der Rückführungstherapie sagen, dass die meisten spezifischen Frauenleiden wie auch Männerhass und die Ablehnung von Sex mit bestimmten Männern auf Vergewaltigungen zurückgehen - wenn nicht im heutigen, dann ganz bestimmt in früheren Leben.

In der zweiten Rückführung sieht sich Erika als ein zweiundfünfzigjähriger Goldschürfer in Kanada im frühen neunzehnten Jahrhundert. Seine Frau und seine Kinder hat er in der Ferne zurückgelassen, denn der Goldrausch hat ihn erfasst. Doch das gefundene Gold, das er in Geld umsetzt, ist bald für Alkohol ausgegeben. Er ertränkt damit auch seine Schuldgefühle, seine Familie im Stich gelassen zu haben und ihnen kein Geld zukommen zu lassen. Bei einem Streit um die Schürfrechte in einem Bach zieht er im Alkoholrausch sein Messer, um den anderen zu bedrohen. Doch jener

ist schneller und sticht mehrere Male in seinen Bauch. Er sieht sich alsbald über seinem blutenden Körper schweben. Und seine letzten Gedanken drückt er noch folgendermaßen aus: “Ich bin ein Versager. Ich will nie wieder der Gier folgen und meine Familie in Stich lassen.”
Diese Programmierung wirkt sich nun auch in dem unmittelbar sich anschließenden Leben aus. Dort lebt Erika in England als uneheliches Kind namens Lucille bei ihrer Mutter, die, wie sie späterhin sagen soll, eine “alte Giftspritze” ist. Denn diese verbietet ihr sozusagen alles. Als Lucille mit siebzehn einen Nachbarssohn liebt, untersagt ihr die Mutter den weiteren Umgang. Der gehassten Mutter ganz hörig, wagt sie keine weiteren Anbahnungen mit Männern, von einem Mal abgesehen, als sie mit einem Mann ausgeht. Als sie der Mutter davon erzählt, sagt diese: “Du bist undankbar. Du bist ein Flittchen.” Als ein Adliger sich einige Jahre später in sie verliebt und sie ihn ebenfalls liebt, weiß sie, dass ihre Mutter ihr auch diese Liebe nie erlauben wird. Und als sie mit diesem Mann in einer Laube sitzt und er sie küssen will,

stößt sie ihn zurück: “Lassen Sie mich in Ruhe.” An der Angst vor ihrer Mutter scheitert auch diese Liebesanbahnung. Bis zu deren Tod muss sie ihre Mutter pflegen. Als sie selbst übergewichtig und als frömmelnde Matrone mit sechzig stirbt, sind ihre letzten Worte: “Ich will nie wieder meine Liebe aufgeben.” Und wie Sie, liebe Leser, sich sicher denken können, war ihre Mutter jene von dem Goldsucher verlassene Ehefrau aus dem vorangegangenen Leben in Kanada. Die damalige Programmierung nach dem Tod, die Familie nie mehr zu verlassen, ließ Erika als Lucille bei ihrer Mutter ausharren, denn die Schuldgefühle holten sie in jener Inkarnation in England wieder ein. Und diese Schuldgefühle halten Erika auch heute noch im Bann mit der Programmierung, ordentlich sowie an Ort und Stelle ihrer Arbeit nachzukommen und nicht daran zu denken, woanders hinzugehen, denn das könnte für sie gefährlich werden wie damals bei der Goldsuche in Kanada.

Hier wird noch etwas anderes erkennbar: Schuldgefühle können für ein oder mehrere Leben gestundet werden, so dass diese einen erst nach einigen Leben wieder einholen. Denn wie es sich bei Erika jetzt darstellte, verbrachte sie zu Beginn des 20. Jahrhunderts ein Leben als Nonne in Afrika, die von ihrem deutschen Kloster mit achtzehn Jahren dorthin geschickt worden war. Sie hieß mit ihrem neuen Namen Schwester Elisabeth. Nach zwanzig Jahren kehrte sie nach Deutschland in ihr Stammkloster zurück, wo sie nach ihrem Tod rückblickend sagen wird: "Mein Leben war erfüllt und glücklich. Ich habe nie etwas bereuen müssen." Wie schön und ermutigend, dass ihr Höheres Selbst sie noch dieses Leben aufdecken ließ. Denn nun steckt sie in den ihr dargebotenen Zapfen ihre Affirmationen: "Ich bin frei von übertriebenem Pflichtgefühl, ich bin frei von Feigheit, Mutlosigkeit, von dem Gefangensein in meinem inneren Käfig, ich bin frei von meinem Phlegma - und ich habe von nun an Lust, mir meine inneren Wünsche zu erfüllen." Und ich könnte mir gut vorstellen, bald von ihr zu hören, dass sie an einem anderen Krankenhaus eine sie erfüllende Stelle angenommen hat.

Man kann also zwischen Täter- und den sich daraus ergebenden Opferleben andere Inkarnationen haben, in welchen die Konsequenzen aus den Täterleben keinen Einfluss nehmen. Denn, wie ich oben bereits beschrieben habe, verfügen wir bei den Planungen neuer Erdenleben über den freien Willen und können karmisch Abzugeltendes aufschieben, um vorher andere Lektionen in der Schule des Lebens zu erlernen.

2. Sexuelle Blockaden

Marina ist neununddreißig Jahre alt. Sie wohnt mit ihrem Ehemann Erhard schon seit längerem in Indien. Als sie auf meiner Homepage las, dass ich ein Ausbildungsseminar in Goa anbot, rief sie mich an, um zu fragen, ob ich mit ihr eine Rückführungstherapie durchführen könne. Wo immer ich mich in der Welt aufhalte, ergeben sich oft spontan Rückführungen mit oder ohne Therapie.

Marina lebt mit Erhard schon zwölf Jahre zusammen, davon sieben Jahre verheiratet. Doch schon

vor drei Jahren stellte sich ihre sexuelle Lust, die über die Jahre hin immer mehr abnahm, ganz ein. Obwohl sie im Bett nebeneinanderliegen und sich auch sehr lieb haben, ist ihr Busen oder ihre Vagina für ihn tabu. Sie gestattet ihm aber, sich mit anderen Frauen sexuell einzulassen, während er eifersüchtig darüber wacht, dass sie keinem Mann zu nahe kommt.
Mit dreizehn Jahren wurde Marina vergewaltigt. Drei Mal hat sie eine Schwangerschaft abgebrochen. Aus einer kurzen Beziehung mit einem Moslem, in der sie von ihm auch geschlagen worden ist, stammt eine nun fünfzehnjährige Tochter, die aber ganz bei der Familie ihres Vaters wohnt. Als sie mir das erzählte, kamen ihr die Tränen.

In ihrem Täterleben in der ersten Hälfte des achtzehnten Jahrhunderts ist sie ein vierzigjähriger Anführer von sechshundert Soldaten, die im Auftrag des Königs einen Bauernaufstand in der Bretagne niederzuschlagen haben. Seine Soldaten plündern, stecken Häuser in Brand, töten Männer und Frauen und vergewaltigen. Silvio, so heißt dieser Kriegsherr, lässt sich auch zu solchen Tötungen und vor allem zu Vergewaltigungen hinreißen. Er schändet eine Hochschwangere, die ihn anfleht, ihres dicken Bauches wegen von einer Vergewaltigung abzusehen. Doch er lässt sich nicht erweichen, so dass das Kind anschließend tot geboren und von der Mutter unter Tränen begraben wird.

Diese vergewaltigte Frau ist im heutigen Leben Marinas Mann, und in der Totgeburt wohnte die Seele ihrer heutigen Tochter. Nun wird auch verständlich, warum ihr die heutige Tochter, um die sie weinte, weggenommen werden musste: um den Schmerz der damaligen Mutter nachzufühlen, die ihr Kind verloren hatte. Und genauso wird verständlich, warum es ihr schwergefallen ist, mit ihrem Mann sexuell zu verkehren, hinderten sie ihre Schuldgefühle doch noch unbewusst, weil sie die damals Vergewaltigte, die im heutigen Leben Erhard ist, "erkannte". Und sicherlich will sie ihren Mann auch nie verlassen, da sie ja an ihm alles wiedergutmachen möchte.

Aber diesem Täterleben folgen zwei ebenfalls aufgedeckte Opferleben. Im Nürnberg des Jahres 1823 ist Marina eine neunzehnjährige Bauernmagd, die von dem Sohn des Hauses begehrt wird, während sie sich ihm immer zu entziehen weiß. Als sie jedoch einmal allein auf einem Feld zu tun hat, kommt dieser mit zwei Freunden, und während diese sie festhalten, dringt erst er in sie ein, dann unter Gelächter die beiden anderen. Während sie noch das Lachen der Davonlaufenden hört, sitzt sie wie gelähmt auf dem Gras. Schließlich in ihr Zimmer zurückgekehrt, reinigt sie sich und beschließt, den Bauernhof umgehend zu verlassen. Drei Jahre später heiratet sie einen wesentlich älteren Mann, mit dem sie drei Kinder bekommt. Und nach ihrem Tod mit dreiundsiebzig Jahren sagt sie rückblickend: "Ich will nie wieder Männer antörnen."

Und dieser ältere Ehemann ist auch ihr heutiger Ehemann - und zugleich auch die in der vorausgehenden Inkarnation von ihm Vergewaltigte. Denn diese musste ihm im Jenseits schon lange vergeben haben, um dieser Seele, die nun selbst ein ähnliches Schicksal erfahren musste, liebend und sorgend zur Seite zu stehen. Wir sehen, wie die Schicksalsfäden im Himmel aus karmischen Gründen geknüpft werden.

In dem Folgeleben ist Marina in Irland die sehr schöne und von vielen Männern begehrte Tochter eines wohlhabenden Gutsbesitzers. Sie ist 1905 mit siebenundzwanzig Jahren noch ledig und spielt gerne mit den Herzen der Männer, so dass manch einer von ihr enttäuscht wird. Während sie ihren Vater über alles liebt, weshalb sie ihm wohl auch keinen Schwiegersohn ins Haus bringen möchte, erlebt sie den Streit ihrer Eltern und auch den Hass ihrer Mutter auf sie, da sie ja der Liebling ihres Mannes ist. Die Mutter lässt ihren Mann schließlich von ihrem heimlichen Liebhaber erstechen, um das Gut allein verwalten zu können. Sie will nun ihre Tochter, die die Umstände des Todes ihres Vaters mitbekommen hat, dazu zwingen, den Bruder des Vatermörders zu ehelichen. Doch die Tochter stürzt sich die Klippen hinunter. Nach ihrem Tod trifft sie ihren Vater wieder, der sie mit folgenden Worten beglückwünscht: “Danke, dass du gesprungen bist und den nicht geheiratet hast.” Er führt sie nun in ein tempelartiges Haus mit vielen Säulen. Sie unterhält sich ausgiebig mit ihrer Geistführerin, und das Höhere Selbst offenbart ihr vor dem Wolkentor, dass die sie hassende Mutter auch im heutigen Leben wieder ihre Mutter ist.

Hier muss man erst einmal über die vielen karmischen Verflechtungen nachdenken. Und sicherlich müsste man in einer weiteren Rückführung nachforschen, warum sie sich in jenen zwei Opferleben solch eine bösartige Mutter ausgesucht hat.

3. Blockade, vor Leuten zu sprechen

Eine Frau, die bei mir eine Ausbildung machte, führte ich nach einem Seminar abends zurück, da sie ihr Problem nicht vor anderen ausbreiten wollte. Ich nenne sie Larissa. Sie ist sechsundvierzig Jahre alt und eine auf Provision arbeitende Finanzberaterin. Und ich sollte sehr schnell verstehen, warum sie Hemmungen hatte, sich vor den anderen von mir zurückführen zu lassen. Denn wie sie nun offenbarte, hatte sie große Probleme, vor Leuten zu sprechen. Schon bei der Gruppenvorstellung am ersten Seminartag bekam sie einen Schweißausbruch. Wenn sie in der Schule an die Tafel geholt wurde, zitterte sie vor Angst. Da sie glaubt, hässlich zu sein, eine eklige Nase und schlechte Zähne zu haben, hatte sie sich den Busen vergrößern lassen. Nach meinem Dafürhalten war sie eine äußerst attraktive Frau und hätte Mannequin sein können. Aber was nützt es, wenn man selbst ganz anderer Meinung ist ... Obwohl sie dreimal verheiratet war und im Ganzen vier Kinder großgezogen hat, durfte keiner der Ehemänner sie am Hals anfassen. Doch wie sie mir sagte, habe sie dieses Problem während des Seminars in der Partnerarbeit restlos aufgelöst und könne sich nun von anderen am Hals berühren lassen. Sie hatte als Kind und Heranwachsende einen gewalttätigen Stiefvater, dem sie ab ihrem neunten Lebensjahr auch mit Oralsex dienlich sein musste, wobei er ihr androhte, sie in ein Heim zu stecken, wenn sie ihm seine Wünsche nicht erfülle. Während er seine eigenen vier Töchter nicht schlug, bekam Larissa jedoch fast täglich seine Hand zu spüren. Und dieser Mann wie auch ihr Lehrer bläuten ihr ein, dass sie ein Nichtsnutz sei. Larissas zweitgrößte Angst neben jener vor Leuten zu sprechen ist ihre Angst vor Prüfungen.

In ihrem ersten aufgedeckten Leben in Irland im Jahr 1368 heißt sie William und ist ein Meldegänger des Königs. Als er vor vielen Bauern ein Dekret seines Herrn vorzulesen hat, in welchem jene zu noch höheren Abgaben verpflichtet werden sollen, geraten sie außer sich und bewerfen den völlig Fassungslosen mit Steinen. Ein Stein trifft ihn so unglücklich, dass er an dieser Wunde verstirbt. Und seine nachträgliche Programmierung lautet: "Ich will nie wieder eine schlechte Botschaft überbringen." Hier wurde schon der Grundstein gelegt für Larissas spätere Angst, vor Leuten zu sprechen.

Im nächsten Leben ist Larissa ein Heerführer. ("Nein, nicht schon wieder einer!", werden Sie sagen. Zu Recht. Aber als Anführer von Männerbanden, die viel Übles anrichten, lädt sich eine Seele besonders schwer auszugleichendes Karma auf.) Im Jahr 1414 heißt sie Kuno und befindet sich auf dem Gebiet des heutigen Österreichs. Er ist ein Sadist par excellence, er lässt den Leuten die Zunge herausschneiden, ordnet Folterungen an, lässt Menschen rädern und schreckt natürlich auch nicht vor dem Üblichen zurück: Vergewaltigungen. Er kann sich jede Frau besorgen, und wenn sie sich ihm verweigern sollte, hat sie mit Folterungen oder anderen Bestrafungen zu rechnen, wenn nicht gar mit Ermordung. Schließlich wird er von seiner eigenen Frau vergiftet.

Aber auch nach Kunos Tod bleibt es weiterhin spannend zu erfahren, wer ihm alles begegnet. Seine Mutter erscheint auf einmal, nimmt ihn an der Hand und führt ihn in eine dunkle Kammer. "Du musst hier warten", sagt sie und zieht sich zurück. Auf einem Stuhl sitzend kann er nicht begreifen, warum er hier sein soll. Schließlich kommt ein bärtiger Mann und spricht ihn an: "Was hast du getan? Wie vielen Menschen hast

du Schmerzen zugefügt?" Danach verlässt er Kuno wieder. Nach längerer Zeit kehrt er zurück und fragt: "Hast du über alles nachgedacht?" "Ja, ja", antwortet Kuno, doch er meint es nicht wirklich. Und er sagt weiterhin: "Ich will Frauen haben." Woraufhin ihm der Besucher entgegnet: "Du kannst Liebe haben, aber nicht so, wie du es dir vorstellst." Er müsse erst in eine Schule gehen, um zu lernen, was Liebe sei. Dieser Mann, der sich ihm als Matthäus vorstellt, ist wohl sein Geistführer, der alles über ihn weiß und auch seine Gedanken zu lesen vermag.
Er führt ihn nun auf eine lichtüberflutete Wiese. Dort wird er umrundet von spielenden Kindern, die ihn auffordern, mitzuspielen und ihn sogar umarmen. Sie sagen, dass sie ihn lieben und bitten ihn, ihnen Geschichten zu erzählen. Und Matthäus, der noch bei ihm weilt, sagt: "Du musst auch einmal diese Liebe geben können, die diese Kinder dir entgegenbringen." Schließlich wird er zu seiner Kerngruppe geführt. Seine jenseitigen Familienmitglieder begrüßen ihn mit den Worten: "Schön, dass du wieder da bist!" Schnell fühlt er sich hier

wieder heimisch. Und in einem besonderen Raum erkennt er alle seine Leben wieder und sieht, was er wann und warum getan hat - oder unterlassen hat zu tun. In diesem Raum nimmt man die Gestalt an, mit der man sich den anderen zeigen möchte, meist ist es ein jugendliches Aussehen um die dreißig.

Während er sich bei Gesprächen und dem Lesen von Büchern erholt, beschleicht ihn doch immer wieder das schlechte Gewissen hinsichtlich seiner vielen Untaten als Kuno. Und Matthäus, mit dem er sich oft unterhält, legt ihm dar, warum es wichtig war, dass er diese schlimmen Täterleben geführt hat: "Du musstest das Böse kennenlernen, sonst wirst du gar nicht erkennen können, was Liebe ist."

In der Kammer wird er nun von all seinen negativen Vibrationen befreit, um ganz gereinigt wieder daraus hervorzutreten. Alsdann begegnet er einer Frau, die er als Kuno vergewaltigt hat. Sie ist sehr freundlich zu ihm und erklärt, dass es seine Aufgabe war, sie zu vergewaltigen, habe sie sich doch aus karmischen Gründen ein solches

Schicksal ausgesucht. Kuno nimmt sich vor, bei seiner nächsten Inkarnation alles wiedergutzumachen. Und die Frau, die ihn damals vergiftete, ist im heutigen Leben Larissas jüngste Tochter. (Ich glaube, jetzt muss man erst einmal eine Pause einlegen, um das hier Geschilderte zu überdenken. Doch die Rückführung ist noch nicht beendet.)

Im nächsten Leben werden wir wieder mit einem "Hexenleben" konfrontiert. In vielen von mir aufgedeckten früheren Leben sind Frauen als "Hexen" verbrannt und vergewaltigt worden oder an anderen Grausamkeiten gestorben. Wissen Sie eigentlich, wie viele sogenannte "Hexen" allein in Deutschland bis ins achtzehnte Jahrhundert hinein verbrannt worden sind? Hochrechnungen nennen aufgrund von überlieferten "Hexenbüchern" Zahlen zwischen zwei und drei Millionen! Doch mittels gründlicher Rückführungstherapien gelingt es meist, die Seelen von ihren sie immer noch belästigenden Nachwirkungen - wie Asthma, Hauterkrankungen oder anderen körperlichen Beschwerden - zu befreien.

Larissa heißt in dieser erneuten Inkarnation Maria, ist zweiundzwanzig und eine Magd, die sich in einen verheirateten Försterssohn verliebt hat und mit ihm heimliche Liebestreffen arrangiert. Doch als seine Frau vom Verhältnis ihres Mannes mit dieser Magd erfährt, klagt sie Maria der Hexerei an; sie habe ihren Mann verhext. Mit zwei weiteren Hexen wird sie 1628 auf einem Platz unter dem Jubel und den Schmährufen der Menge verbrannt. Und ihre Programmierung nach dem Verbrennungstod lautet: "Ich will mich nie wieder mit einem gebundenen Mann einlassen." Hier finden wir außerdem einen weiteren Grund, der Larissas heutige Angst erklärt, vor einem Publikum zu stehen oder zu sprechen.

Auf dem Berg der Erkenntnis erklärt ihr das Höhere Selbst, dass sie, wenn andere sie ansehen, von dem in ihrer Seele gespeicherten Gefühl durchdrungen wird, sterben zu müssen. Alsdann stopft sie folgende Affirmationen in den Zapfen: "Ich befreie mich von der Angst, vor Menschen zu sprechen. Ich befreie mich von dem Komplex, nicht schön zu sein. Ich befreie mich von allen

Minderwertigkeitsgefühlen, von dem Selbstbestrafungsmechanismus und von allen Schuldgefühlen." Und wenige Monate später hörte ich von einer Seminarteilnehmerin, dass Larissa nun Seminare für Bewusstseinserweiterungen samt Gruppenrückführungen anbietet. Sie hat sich also von ihrer Angst, vor Leuten zu sprechen, vollkommen befreit.

4. Der Selbstbestrafungsmechanismus

Eva ist eine dreiundfünfzigjährige, seit vierzehn Jahren geschiedene und kinderlose Frau. Neben ihrer Haupttätigkeit als Betriebswirtin ist sie trotz ihrer Nikotinsucht ein Channelmedium, und - man höre und staune - sie channelt neben Engeln besonders ihren verstorbenen Vater. Denn mit ihm verband sie eine große Liebe. Das Gegenteil zu ihm ist ihre fünfundachtzigjährige Mutter, und beide verbindet eher Hass als Liebe, während die Tochter diesen zum Teil schon aufgelöst hat. Trotzdem besucht sie die Mutter nur ganz selten. Denn diese pflegt eine innige Verbindung mit

Günther, ihrem ehemaligen Schwiegersohn, der häufig zu ihr zu Besuch kommt.
Die Mutter hatte Eva, die älteste von zwei Schwestern, viel geschlagen - während die drei Jahre jüngere Schwester von der Mutter nie Schläge bekam. Und da Eva als Kind aus Angst noch bis zum Beginn ihrer Pubertät in ihr Höschen machte, waren Schläge vorprogrammiert. Eva hatte zudem eine "böse" Tante, die ihre Schwester, also Evas Mutter, immer wieder dazu anhielt, dieses "ungezogene Kind", das alles "falsch" zu machen schien, mit Hieben zu bestrafen. Und Günther, obwohl sie sich vor der Ehe schon zwei Jahre kannten, begann nur vier Wochen nach der Hochzeit, Eva ebenfalls zu schlagen. Er übernahm sozusagen die Rolle ihrer handgreiflichen Mutter, von der sie dachte, sich durch die Ehe befreien zu können. Aber nun stellt sich die Frage: Warum hat sie sich nach den ersten Schlägen ihres Mannes nicht sofort scheiden lassen? Ja, warum hat sie sich im Jenseits überhaupt für eine gewalttätige Mutter entschieden? Welche karmischen Gründe liegen dafür wohl vor?

Die Schläge ihres Mannes waren zudem oft so gewaltsam, dass sie wegen des Verdachts auf Brüche zum Arzt gehen musste, der sie manches Mal zum Röntgen schickte. Und nachdem ihr Mann sie zum ersten Mal geschlagen hatte, verweigerte sie ihm den Beischlaf, was ihn natürlich noch mehr in Rage brachte. Ja, sie hatte schon daran gedacht, sich von ihrem Mann zu trennen. Doch ihre Mutter sagte: "Du musst die Ehe aushalten, sonst stirbt Vater." Fünfzehn Jahre lang hielt sie diese Bestrafungsehe aus. Und während sie das Elternhaus verließ, blieb Günther bei ihrer Mutter wohnen. Dieser war im Übrigen schon während der Ehe mit einer Freundin fremdgegangen, die er nach der Scheidung auch heiratete. Beide sind Alkoholiker. Übrigens hatte Eva, schon bevor sie Günther kennenlernte, eine längere Beziehung mit einem Freund, in der es einmal zu einer Totgeburt und zwei Abtreibungen kam. Letztere belasteten sie mit bleibenden Schuldgefühlen. Aus der Ehe mit Günther entstanden Schulden, die sie noch gemeinsam zu bezahlen haben. Und mir gegenüber sagte sie im Vorgespräch schwer aufatmend: "Ich will endlich frei sein von all dem Ballast. Mir fehlt die Freude." Seit über zwanzig Jahren hat sie sich keine Ferien mehr gegönnt.

Außer diesem Selbstbestrafungsmechanismus hat Eva ein ausgeprägtes Helfersyndrom, und dieses bezieht sich nicht nur auf jetzt lebende Menschen und Tiere, sondern in bevorzugtem Maße auf verstorbene Seelen. Sie hat sich neben ihrer Channeltätigkeit seit zwei Jahren darauf spezialisiert, erdgebundene Seelen zurück ins Licht zu führen, wobei ihr Engel helfen. Sie kann sich mit Verstorbenen und noch Erdgebundenen verbinden, die irgendwo in der Welt durch Naturkatastrophen oder Kriegseinwirkungen ihr Leben verloren haben. Und sie vermag auch, wie sie sagt, Kriegsgefangene und auch Holocaustopfer, die noch immer an die Stätte des Grauens gebunden sind, ins Licht zu führen. Hört sie durch Fernseh- oder Zeitungsberichte von Unfalltoten, so stellt sie sich auf diese ein und schickt ihre Engel dorthin, um jene, die vielleicht vor Verwirrung erdgebunden sind, ins Licht zu geleiten. Wegen ihrer übergroßen

Hilfsbereitschaft für jedermann, der sie um Rat und Hilfe bittet, wird sie von Freunden "Mutter Teresa" genannt.

Ein besonderer und erfreulicher Lichtblick in ihren Leben war der Moment, als sie in ihrem Neffen, den sie seit dessen Geburt liebte, ihr totgeborenes Baby wiederfand, wie ihr die Engel verkündeten. Und vor ein paar Tagen sprach Eva ihre Mutter anlässlich eines Besuches bei ihr darauf an, warum sie von ihr immer geschlagen worden sei, was diese aber abzustreiten versuchte. Als die Tochter sie allerdings auf bestimmte Züchtigungen hinwies, sagte die Mutter zum ersten Mal: "Es tut mir leid."

Liebe Leser, Sie werden schon den Grund erahnen, warum ich so ausführlich über Evas Leben berichte: Hier zeichnet sich ein ausgeprägter Bestrafungsmechanismus ab. Und vielleicht kennen Sie aus eigener Erfahrung ähnliche Fälle von Bekannten oder gar von Familienmitgliedern, die von solch einer lebenslangen Selbstbestrafung begleitet werden. Nun wollen wir aber die karmischen Gründe dafür aufdecken.

Im fünfzehnten Jahrhundert war Eva ein Junge namens Michele aus reichem Haus in Frankreich. Er verschleuderte sein Geld und betrog auch Leute, um an deren Geld zu kommen. Er hatte vertraute Kumpane, die ihm mit oder ohne Gewalt Frauen bringen mussten, die er zumeist vergewaltigte. Mit vierzig landete er wegen seines Treibens im Gefängnis. Hier lebte er, der nur ein vornehmes Ambiente gewohnt war, in einem schmutzigen Loch mit einer ganzen Anzahl von inhaftierten Halunken, die ihm an der schönen Kleidung herumzuzupfen begannen. Bei der Gerichtsverhandlung sagten mehrere Frauen, die teilweise auch schwanger von ihm geworden waren, gegen ihn aus. Nun musste er weitere zehn Jahre in diesem schmutzigen, feuchten und kalten Kerker hausen. Als er in seinem fünfzigsten Jahr entlassen wurde, nahm sich eine Adlige, mit der er früher eine Liebschaft gepflegt hatte, seiner aus Mitleid an. Sie kleidete ihn vornehm und ließ ihn bei sich auf dem Schloss wohnen. Doch schon fünf Jahre später verstarb Michele an den Folgen seiner langen Kerkerhaft. Seine Programmierung nach

seinem Tod war: "Ich will nie wieder hochstapeln und andere um ihr Geld betrügen." Und dann fügte er hinzu: "Ich will nie wieder Geld haben." Kein Wunder also, dass Eva im heutigen Leben mit Schulden überhäuft ist und Geldknappheit sie begleitet. Das Höhere Selbst offenbarte ihr auch, dass jene Frau, die ihn nach seiner Haft zu sich genommen hatte, ihr heutiger Vater gewesen sei. Nun verstehen wir auch, warum sie im heutigen Leben so sehr an ihrem zu früh verstorbenen Vater hing, der ihr nicht nur bei allen schrecklichen Erlebnissen wie Abtreibung und Totgeburt, sondern auch, wenn auch oft vergeblich, gegen die Tante, die Mutter und Günther zur Seite stand; selbst aus der jenseitigen Welt unterstützte er sie.
Doch an das Leben von Michele sollte sich nun ein noch heftigeres Täterleben anschließen, das zuständig ist für viele ihrer karmischen Bürden im heutigen Leben. Hier steckt die Seele von Eva im siebzehnten Jahrhundert in dem Körper eines Zarensohns, Nikolajewitch mit Namen. Er ist arrogant, hochfahrend und sadistisch veranlagt.

Und mit dreiundzwanzig hat er eine Reiterschar um sich gesammelt, mit der er grausame Streifzüge unternimmt. Zu Leuten, die im Dreck liegen und sich von faulem Obst ernähren, sagt er vom Pferd, verachtend auf sie niederblickend: “Ihr Bauernlümmel, ihr seid Taugenichtse!” Aus Spaß und um ihnen noch mehr Furcht einzujagen, reitet er den Flüchtenden hinterher, wobei der ein oder andere von den Pferden überrannt wird und schwer verwundet liegen bleibt. Und alles geschieht unter dem Lachen der von ihm angeführten Reiterschar. Doch das sind nur die kleineren Übeltaten. In Dörfern zünden sie die Häuser an, vergewaltigen die Frauen und stechen mit Degen auch Männer und Alte nieder. Und obwohl er verehelicht ist und selbst eine Tochter hat, lässt er sich die Dorfschönsten bringen. Er weiß, dass das, was er mit seinen Leuten macht, nicht richtig ist, und trotzdem geht er nicht dagegen vor, vielleicht auch aus Feigheit, seine bösen Mittäter, die durch ihn an die grässlichsten Übeltaten gewöhnt sind, gegen sich aufbringen zu können.

Als er mit fünfzig den Thron besteigt, befiehlt er seinen Soldaten immer noch, gegen aufständische Bauern mit aller Macht durchzugreifen, so dass die chancenlosen Bauern erbarmungslos getötet werden nebst all den Schrecken, den auch die Kinder und besonders die Frauen durchzumachen haben. An dieser Stelle möchte ich nochmals auf einen wichtigen Sachverhalt hinweisen: Die meisten Frauenkrankheiten, sexuelle Zurückhaltung oder gar Enthaltsamkeit sind karmische Ausgleichsgeschehen aus früheren Leben, wo die Personen als Mann rücksichtslos oder gar grausam gegen Frauen und Mädchen vorgegangen sind. Dies sind eindeutige Feststellungen, die sich aus unzähligen Rückführungstherapien bei mir und anderen Rückführungstherapeuten ergeben haben.

In seinem fünfundsechzigsten Lebensjahr stirbt Nikolajewitch an einer Geschlechtskrankheit. Nach seinem Tod überfällt ihn die Angst, in die Hölle zu kommen. Und tatsächlich befindet er sich plötzlich an einem Feuer, um das sich dunkle Gestalten scharen, die ihn herumschubsen und ihm, dem Zaren, zu seiner Empörung keinerlei

Respekt zollen. Er fühlt sich ungerecht behandelt. Und wenn er der Flamme zu nahe kommt, spürt er die Verbrennung, aber er stirbt nicht daran. Schließlich sitzt er im Halbdunkel auf einer Bank und sinnt darüber nach, wo er wohl sein könnte und warum er hier ist. Da erscheint ihm plötzlich ein Engel und bietet ihm an, mit ihm zu kommen. Doch Nikolajewitch weist ihn ab. Dennoch findet er es dumm, hier sitzen zu bleiben. Er geht zurück zum Feuer, wo eine Gestalt, die wie ein Mönch gekleidet ist, die Anordnungen zu geben scheint. Nikolajewitch vermeint auf einmal, dass diese Gestalt der Satan sein müsse, wie die Kirche es lehrte. (An dieser Stelle möchte ich einflechten, dass es keine wirkliche Hölle samt Teufeln gibt. Aber zwecks des Reinigungsprozesses der Seele und um sie zur Reue zu bewegen, werden solche Szenarien inszeniert.)
Nikolajewitch wird schließlich in einen separaten Raum geführt, wo er mit anderen unterrichtet wird und wo ihnen ihre bösen Missetaten bewusst gemacht werden. All diese Erlebnisse sind schon ein gewisser Karmaausgleich. Doch schließlich

kommt er in eine lichtere Welt, wo er seine Mutter und auch die Dienstmagd wiedertrifft, die er vergewaltigt und dann als Schwangere vom Hof gejagt hat. Und wie das Höhere Selbst ihm später vor dem Wolkentor erklären wird, ist diese ehemalige Magd Evas heutige Tante, die ihre Mutter zu immer neuen Züchtigungen ihrer Tochter anhielt.

Eva, wieder vor dem Wolkentor angekommen, stopft in den ihr dargereichten Kiefernzapfen all das, von dem sie sich nun befreien möchte. Nachdem dieser dem Feuer der Verwandlung übergeben worden ist, sagt sie jeweils dreimal: "Ich bin frei von aller Selbstbestrafung und von allem Pech. Ich bin frei von dem Helfersyndrom. Ich bin frei von finanziellen Sorgen und Schulden. Ich bin frei von Selbstzweifel und Mutlosigkeit. Ich bin frei von Unfreiheit. Ich bin frei von aller Disharmonie mit Mutter, Tante und Günther. Und ich bin frei von allen Schuldgefühlen." Und nachdem sie dies ausgesprochen hat, frage ich sie, was sie von nun an sein möchte. Und Eva formuliert: "Ich bin eine strahlende, attraktive, gesunde, erfolgreiche und liebende Frau." Und dann fügt sie noch hinzu: "Und ich bin frei von meiner Nikotinsucht."

d. Bei Personen

1. Mobbing

Die Exportkauffrau Rebecca ist siebenundvierzig Jahre alt und seit fünfzehn Jahren geschieden. Aus dieser Ehe stammt die achtzehnjährige Lena. Vor drei Jahren lernte Rebecca Winfried kennen und lieben. Er versicherte ihr seine Liebe, war aber, wie Rebecca herausfand, auch mit anderen Frauen im Bett - wahrscheinlich, um diese um Geld anzupumpen. Winfried befand sich ständig in Geldsorgen, so dass Rebecca ihm ebenfalls oft aushelfen musste. Sie hatte ihm sogar schon ein Motorrad und auch ein Auto gekauft. Sie entdeckte, dass er, den sie wegen seiner Zuvorkommenheit sehr mochte, zwar kein Alkoholiker war, aber Drogen mit seinem Bruder nahm; sie fand diese auch in einem Versteck ihres Autos. Sein Bruder saß augenblicklich wegen Drogenhandels und kri-

mineller Machenschaften im Gefängnis. Rebecca fand nun heraus, dass ihr Partner ebenfalls kriminell veranlagt war.
Da sie mit ihrer Mutter, die direkt nebenan wohnte, nicht auskam, wollte sie mit Winfried in ein sich in der Restaurierung befindliches Haus ziehen. Als er immer wieder mehr Geld forderte und wieder einmal mit Suizid drohte, Rebecca ihm aber kein Geld mehr geben wollte oder konnte, drehte er den Spieß um und klagte sie an, ihm Geld gestohlen zu haben; dabei verhielt es sich genau umgekehrt. Diese Unwahrheit verbreitete er auch bei den Familienmitgliedern. Und ganz überraschend wurde ihr mitgeteilt, dass sich Winfried in der neuen Wohnung erhängt hatte. In einem Abschiedsbrief an die Eltern beschuldigte er Rebecca, ihn in diese Situation gebracht zu haben. Diesen angeblichen Abschiedsbrief (eventuell auch erfunden oder erweitert) verbreiteten nun Winfrieds Eltern über Facebook und schickten ihn an einhundertzwanzig Personen ihres Ortes sowie an alle Mitschüler von Lena. Und tatsächlich befanden

sich Anklageschreiben auch festgesteckt an vielen Bäumen. In diesen wurde Rebecca als die eigentliche Mörderin bezeichnet, und ihre Tochter, die kurz vor ihrem Abitur stand, wurde zur Mitschuldigen abgestempelt.

Und nun begann das Mobbing. Besonders traf es Lena, die von ihren Mitschülerinnen wie auch von den Dorfbewohnern hinter ihrem Rücken als Mörderin beschimpft wurde, so dass sie innerhalb von wenigen Wochen dreizehn Kilo abnahm. Beide, Mutter und Tochter, konnten von nun an kaum noch ungestört schlafen. Rebecca schmeckte auch kein Essen mehr, und sie ging nur mit größtem Unbehagen aus dem Haus zu ihrer Arbeitsstelle, wobei auf der Straße viele Blicke voller Verachtung und Anklage auf sie gerichtet waren.

Nun die große Frage: Warum muss Rebecca dieses Mobbing erfahren? Wie sehen die karmischen Verwicklungen dazu aus?

Zuerst wurde bei dieser Rückführung ein Leben im England des fünfzehnten Jahrhunderts aufgedeckt. Sie ist ein zwölfjähriger Junge, der sich mit seinem vierjährigen Bruder nach einem Überfall auf ihr Dorf, bei dem ihre Eltern ermordet wurden und auch ihr Haus niedergebrannt wurde, zuerst im Wald versteckt hält. Sie leben hauptsächlich vom Stehlen, können aber gelegentlich durch Fallen ein Tier fangen. August, so heißt der Ältere, sorgt für seinen jüngeren Bruder, so dass er immer oder doch meistens etwas zu essen bekommt. Vier Jahre später wird der jüngere Bruder von Soldaten erschossen, während sich August verstecken kann. Sein Leben als Bettler, in welchem man ihn als Vagabund und Dieb schlägt oder auf andere Art und Weise bestraft, endet mit vierzig Jahren.

Nach seinem Tod ist es sein kleiner Bruder, der ihn abholt. Im Jenseits erfährt August nun von seinem Geistführer, warum er diese Armut erleben musste: Er sei einst ein reicher Fürstensohn gewesen, der die Armen verachtete, und nun wollte er einmal erleben, wie es ist, ein Leben in bitterster Armut zu führen. Und jener jüngere Bruder ist im heutigen Leben kein anderer als

Winfried, der sich wiederum an Rebecca klammerte, hatte sie ihn doch als August immer beschützt und dafür gesorgt, dass er nie hungern musste. Das Höhere Selbst gab an, dass sie mit der Seele von Winfried im Ganzen acht Erdenleben gehabt hat.

In einem Leben des achtzehnten Jahrhunderts heißt Rebecca Marie, lebt in Frankreich und ist die Tochter wohlhabender Eltern. Als großartige Partie wird sie natürlich von den heiratsfähigen Männern umworben. So hält auch der zehn Jahre ältere Bernhard gleich beim ersten Tanz um ihre Hand an. Doch sie denkt noch nicht ans Heiraten. Sie möchte sich amüsieren und ihren Spaß haben mit Männern. Sie gibt ihm also einen Korb, was ihn jedoch nicht davon abhält, weiterhin um sie zu werben, so dass sie ihn schließlich, von seiner Liebe überzeugt, mit vierundzwanzig Jahren heiratet und in sein Haus zieht. Aus dieser Ehe geht bald ein Sohn hervor.

Doch Bernhard überrascht sie in flagranti im Bett mit einem anderen. In seiner Wut tötet er diesen, zerrt Marie in ein Zimmer und verschließt es.

Bis zu ihrem Tod wird sie dieses Zimmer nicht mehr verlassen. Da seine Frau nun von einem anderen entehrt und somit zur "Prostituierten" geworden ist, lädt er Soldaten ein, die mit der Eingesperrten schlafen dürfen. Zwei Monate nach ihrer Gefangenschaft nimmt Marie sich das Leben.

Wie Rebecca nun vor dem Wolkentor erfährt – Sie, liebe Leser, können es schon erraten –, ist Bernhard kein anderer als der spätere Winfried. Und sie erfährt auch, warum sich Winfried das Leben nahm, hatte er doch Schulden für unbezahlte Drogen bei den Lieferanten, die ihn mit dem Leben bedrohten. Sie wusste diese Zusammenhänge vor ihrer jetzigen Inkarnation und wollte es sich zur Aufgabe machen, ihn da rauszuholen.

Unter der Rubrik Beziehungsprobleme wären noch viele Beispiele für karmische Verknüpfungen aus früheren Leben anzuführen. Aber darüber müsste ich einmal ein gesondertes Buch schreiben. Ich möchte mich hier mit dem einen Beispiel vorerst begnügen, sind doch aus den anderen oben angeführten Berichten schon mehrere karmische Verwicklungen ersichtlich geworden.

2. Probleme mit der Mutter

Zehn Tage, bevor ich in den Senegal flog, kam eine ledige fünfundvierzigjährige Frau zu mir. Sie war alleinerziehende Mutter eines Zehnjährigen, der ihr oft noch Probleme bereitete. Ein disharmonisches Verhältnis hatte sie auch zu ihrem Vater, der ein Choleriker war und sie öfter geschlagen hatte. Auch sein Verhältnis zu seiner Frau war von vielen Auseinandersetzungen geprägt gewesen, bis er schließlich auszog. Doch das allerschlimmste Verhältnis hatte und hat Annemarie immer noch zu ihrer Mutter. Diese vermochte ihr nie in irgendeiner Weise Liebe zu geben, während sie von der Tochter erwartete, alles für sie zu tun. Sie wurde geradezu zu ihrem "seelischen Mülleimer" degradiert. Annemarie war froh, mit achtzehn das Elternhaus verlassen zu können. Obwohl es sie davor graute, die nun alleinstehende Mutter zu besuchen, raffte sie sich letzte Weihnachten auf, da auch ihre Schwestern versprochen

hatten, mit den Kindern zu kommen, um unter dem Weihnachtsbaum ein harmonisches Familienfest zu feiern. Doch kaum begegnete Annemarie ihrer Mutter, überkam sie der dringende Wunsch, wieder davonzueilen - und nach einem für sie höchst unangenehmen kurzen Verweilen reiste sie auch schon wieder ab, bevor der Baum im Licht erstrahlte.
Allein schon der Gedanke an ihre Mutter lässt sie unruhig schlafen, wie sie überhaupt von massiven Schlafstörungen geplagt wird. Sie hat, um diese zu besiegen und um die Disharmonien mit ihrer Mutter zu beenden, schon in einer ganzen Reihe von alternativen Therapien nach Lösungen gesucht und ist auf diese Weise nun selbst zu einer Heilerin und Reikimeisterin geworden. Aber kann man sich selbst heilen? Das ist meist ein schwieriges Unterfangen.

Nachdem es Annemarie gelang, in einen tiefen Alphazustand einzutauchen, merkte ich, dass sie unruhig wurde im Wolkenbett. Ich vermutete, dass eine oder mehrere Besetzungen sich in ihr

bemerkbar machten. Und tatsächlich befand sich eine achtzigjährige, noch erdgebundene Frau in ihrem Unterleib, die im Krankenhaus, in welchem die Dame soeben selbst verstorben war, zu ihr kam, als Annemarie in Narkose auf dem Operationstisch lag.
Ich sprach diese alte Frau nun an, die anscheinend noch gar nicht begriffen hatte, dass sie wirklich verstorben war, und klärte sie darüber auf, dass sich ihr jetziges Zuhause in einer höheren und schöneren Welt befinde, wo man sicherlich auf sie warte. Und als ich sie fragte, von welchem der ihr Nahestehenden, die ebenfalls bereits verstorben waren, sie abgeholt werden wolle, nannte sie ihren Vater. Und die diesen Vorgang am Wolkenbett betreuenden Engel brachten ihren Vater herbei, der sie nun in die höhere Welt, in das eigentliche Zuhause, zurückführte.
Aber immer noch blieb Annemarie unruhig, so dass ich sie bat, in ihren Körper hineinzuspüren, ob sich noch eine verstorbene Wesenheit bemerkbar mache. Und tatsächlich hatte sich ihr Großvater väterlicherseits in ihrer rechten Schulter ein-

quartiert. Er sei, wie er dann auf meine Fragen hin berichtete, zu ihr gekommen, als sie siebenundzwanzig Jahre alt gewesen ist und sich wiederholt einer Abtreibung unterzogen hatte. In den Narkosezuständen ist man manches Mal offen und kann andere Vibrationen oder sogar Verstorbene in sich einlassen. Er berichtete, im Krieg von einem Stirnschuss getötet worden zu sein. Danach herumirrend, dachte er sich nach Hause, war auf einmal dort und drang dann in den Körper seines Sohnes ein. Er selbst war es, der durch diesen seinen ganzen Frust und seine Aggressionen auch an Annemarie ausließ und seinen Sohn zu jenen Schlägen gegen sie aufforderte, denen dieser gezwungenermaßen nachkam. Auch er wurde dann von Engeln in die höhere Welt zurückgeführt.

Solche Besetzer sind sicherlich unwillkommene Gäste, besonders wenn sie auf sich aufmerksam machen wollen, was ihnen wohl am besten gelingt, wenn der Körper ihres "Gastgebers" sich zur Ruhe betten möchte, weshalb Schlafstörungen manchmal auf solche Unruhestifter zurückzuführen sind. Und auch hier könnte man fragen:

Sind solche ungebetenen Mitbewohner aus karmischen Gründen bei uns, um vielleicht einem uns auferlegten Selbstbestrafungsmechanismus nachzukommen oder andere Dinge zu bewirken? Wer erlaubt es ihnen eigentlich, den Körper eines Menschen allein oder mit anderen in Beschlag zu nehmen?

Nachdem sich nun auch das Höhere Selbst am Wolkenbett eingefunden hat, bittet Annemarie es, sie dorthin zu führen, wo die Ursache der Disharmonie mit ihrer Mutter zu finden - und sie bittet es, diese wenn möglich aufzulösen. Und vor das Wolkentor gebracht, befindet sie sich nach wiederholter Formulierung ihres Wunsches auf einmal in einem früheren Leben.

Nun möchte ich Ihnen einen Teil der Rückführung Wort für Wort wiedergeben, die ich "zufällig" auf einer CD-Aufnahme in den Senegal mitgenommen habe. Wir beginnen bei dem Einstieg in Annemaries erstes früheres Leben, das uns aufgezeigt wurde.

T: Es wird bis drei gezählt, und dann ist dieses schwere Tor geöffnet. Du nimmst dich dann in einem früheren Leben wahr, und die Seele deiner Mutter befindet sich in einem anderen Körper unmittelbar bei dir. Eins, zwei, drei. Jetzt ist das Tor auf. Du bist da. Schau zuerst einmal auf deine Füße. Was hast du an, oder bist du barfuß?

A: Stiefel, schwarze Lederbekleidung mit Eisenringen oben.

T: Fahre mit den Händen einmal über dein Haar und dein Gesicht. Wie lang ist dein Haar, und welche Farbe hat es?

A: Langes, dunkelbraunes Haar bis über die Schultern.

T: Bist du ein Mann?

A: Ja.

T: Wie alt bist du denn?

A: Dreißig.

T: Und wie heißt du? ... Und bei drei weißt du deinen Namen. Eins, zwei, drei. Da ist er.

A: Xerux. Mit x hinten.

T: Da ist auch eine Person bei dir. Wer ist denn da?

A: Eine Frau.

T: Und wie alt ist diese Frau ungefähr? Schätze mal.

A: Fünfundzwanzig.

T: Wo seid ihr gerade? Schau dich einmal um. Seid ihr drinnen oder irgendwo draußen im Freien?

A: Drinnen.

T: Und wo ist drinnen?

A: In einem Steingewölbe.

T: Seid ihr allein?

A: Ja.

T: Was ist denn dein Beruf? Was machst du da?

A: Ich bin Kerkermeister.

T: Und diese Frau, ist sie eine Gefangene?

A: Ja.

T: Ist sie schon lange eine Gefangene, oder ist sie ganz neu?

A: Schon etwas länger hier.

T: Gefällt sie dir? Ist sie eine schöne Frau?

A: Ja.

T: Wie ist sie gekleidet?

A: Sie hat offene Haare.

T: Wie steht sie zu dir? Mag sie dich?

A: Ja. Sie strahlt einfach. Sie hat keine Angst vor mir.

T: Und sag mal, Xerux, weshalb ist sie denn bei dir? Was hat sie getan? Weshalb ist sie denn verurteilt worden?

A: Ich hab sie aus dem Bett geholt und hierhergeführt.

T: Kanntest du diese Frau? Hast du sie begehrt? Oder was?

A: Irgendwie ja ... Ja, ich habe sie begehrt.

T: Aber kannst du diese Frau einfach in dieses Gefängnis bringen?

A: Es ist kein Gefängnis. Es ist ein leerer Raum. Aber irgendwie ist da eine Pritsche. Ein Strohbett.

T: Und liegt sie darauf?

A: Nein, sie steht.

T: Lächelt sie dir zu?

A: Nein. Sie blickt ganz ernst.

T: Hast du schon Intimverkehr mit ihr gehabt?

A: Nein, aber ich will. Aber ich sehe jetzt auf dem Strohbett, dass ich schon mit ihr geschlafen habe.

T: Und sag mal: Ist sie denn nicht böse, dass du sie hierhergebracht hast? Will sie nicht weg von hier?

A: Ja. Sie ist wie erstarrt. Sie guckt mich an. Aber sie sagt nichts. Sie lässt es einfach über sich ergehen. Sie will mich mit ihren Blicken bekehren.

T: Du sagst, du seist ein Kerkermeister. Aber du befindest dich nicht im Kerker, sondern in einem gewölbten Raum?

A: Ja.

T: Und was machst du denn tagsüber mit ihr? Schließt du sie ein?

A: Ja.

T: Gehst du deiner Arbeit nach und kommst dann wieder?

A: Ja.

T: Du sagst, du seist Kerkermeister. Hast du irgendwo noch andere Arbeit zu tun? ... Was machst du denn tagsüber?

A: Ich bin auf meinem Bauernhof.

T: Bist du Bauer?

A: Ja.

T: Dann bist du ja eigentlich gar kein Kerkermeister?

A: Ja. Wir sind im Weinkeller auf meinem Grundstück.

T: Hast du Kinder, Xerux?

A: Nein, ich habe keine Kinder. Ich habe eine Frau ... Ich sehe jetzt auch Kinder.

T: Und weiß das irgendjemand, dass du da im Keller eine Frau versteckt hältst?

A: Ja. Meine Frau.

T: Und lässt sie das zu? ... Und sag einmal, Xerux, in welchem Land befindest du dich denn?

A: Irgendwo bei Münster.

T: In welchem Jahr befindest du dich?

A: 1437.

T: Ich zähle jetzt bis drei, und dann kommst du zu einem wichtigen Erlebnis mit dieser Frau. Eins, zwei, drei. Wo bist du? Was geschieht?

A: Sie hat ein Kind bekommen.

T: Ist es ein Sohn oder ein Mädchen?

A: Ein Mädchen. [Annemarie weint.]

T: Konntest du dabei sein, als sie das Mädchen zur Welt brachte? Oder war sie ganz allein?

A: Eine Frau hat geholfen.

T: War das deine Frau oder eine andere?

A: Eine andere Frau aus dem Dorf.

T: Dann hat sich das ja herumgesprochen ... Denn man hat ja bestimmt nach ihr gesucht? Ist denn sonst niemand auf die Idee gekommen, dass sie bei dir sein könnte? ... Was fühlst du denn für dieses kleine Töchterchen? Hast du Vatergefühle?

A: Abscheu. [Sie hustet stark.] Ich will das Kind nicht haben.

T: Und jetzt weißt du bei drei, was mit dem Kind geschieht. Eins, zwei, drei.

A: Es macht nur Arbeit.

T: Und wie geht es weiter? ... Duldest du das Kind, oder was geschieht? ... [Sie weint heftiger.] ... Du kannst mir alles sagen. Ich habe für alles Verständnis. ... Willst du es beseitigen?

A: [Aufseufzend] Ja.

T: Wie machst du das? Du kannst es mir ruhig sagen. Ich verurteile dich nicht.

A: [Weiterhin schluchzend] Erschlagen.

T: Und dann hast du es irgendwo vergraben?

A: [Nickt.]

T: Und was geschieht mit dieser Frau? Hältst du sie weiterhin im Keller gefangen? Oder was machst du?

A: Sie ist ganz alt geworden.

T: Hältst du sie bis zu ihrem Tod fest?

A: Ich habe sie nach fünf Jahren gehen lassen.

T: Hat sie denn dann nicht erzählt, was du mit ihr gemacht hast?

A: Ich weiß es nicht.

T: Hat dies alles irgendwelche Konsequenzen für dich gehabt?

A: Ich bin in den Wald gerannt.

T: Geh jetzt einmal zu dem nächsten wichtigen Erlebnis in deinem Leben. Bei drei bist du da. Eins, zwei, drei. Wie alt bist du? ... Und was erlebst du jetzt?

A: Ich sehe Soldaten auf mich zukommen. Sie nehmen mich fest.

T: Und jetzt weißt du, was anschließend passiert. Eins, zwei, drei ... Was geschieht denn mit dir, Xerux?

A: Ich werde hingerichtet. Geköpft.

T: Geschieht das in der Öffentlichkeit oder im Geheimen?

A: Im Geheimen.

T: Ich zähle jetzt bis drei, und dann kannst du, Xerux, deinen Körper unter dir sehen. Eins, zwei, drei. Sag mal, wie alt bist du denn geworden?

A: Vierzig.

T: Wenn du jetzt auf dein Leben zurückblickst und etwas sagen kannst – was wäre das?

A: Ich will nie wieder geköpft werden.

T: Und schau mal, was geschieht jetzt nach deinem Tod? Kommt da jemand angeschwebt? Oder was? Siehst du deinen Körper?

A: Ich fliege, und der Kopf liegt daneben.

T: Sind da noch andere Leute? Wird dein Körper weggezogen? Oder was?

A: Ich werde in eine Grube geworfen ... Und mein Kopf wird hochgehalten und gezeigt.

T: Und was geschieht jetzt weiterhin?

A: Mein Kopf steckt auf einem Pfahl. Die Leute haben auf mich gespuckt.

T: Und die Leute, wussten sie, wer du warst und was du getan hast?

A: Sie verhöhnen mich. Sie sagen, er war mal wer. Jetzt ist er niemand.

T: Und wie fühlst du dich, wenn die Menschen so über dich sprechen?

A: Wut [weint].

T: Sag einmal, wie geht es jetzt weiter? ... Du bist ja nun aus dem Körper heraus. Du kannst dich überallhin bewegen. Und jetzt komm mal zu deinem nächsten wichtigen Erlebnis. Jetzt, Xerux, bei drei bist du da. Eins, zwei, drei ... Kommt irgendjemand auf dich zu? Oder spricht jemand mit dir?

A: Sie kommt auf mich zu.

T: Wer ist sie?

A: Die Frau, die ich vergewaltigt habe.

T: Wie begegnet sie dir?

A: Sie sagt: Du kannst mir nichts mehr anhaben, kannst mir nichts mehr tun. Du hast mir mein Leben kaputtgemacht. Du sollst in der Hölle schmoren.

T: Wie reagierst du, nachdem sie das gesagt hat?

A: Sie verflucht mich.

T: Und was geschieht dann mit dir?

A: Ich schwebe herum. Ich weiß gar nicht, wo ich bin.

T: Ich zähle jetzt bis drei, und du kommst dann zu deinem nächsten wichtigen Erlebnis. Eins, zwei, drei ... Vielleicht kommt jemand, der sich um dich kümmert.

A: Da kommt ein weißer Engel und nimmt mich an die Hand.

T: Und wo führt er dich hin?

A: In eine farbige, schöne Landschaft.

T: Und?

A: Und ich schäme mich so. Ich will nicht mitgehen. Ich schäme mich so. Und ich glaube, dass der Fluch gerechtfertigt ist, mit dem sie mich belegt hat.

T: Hatte sie dich, als sie noch in ihrem Körper war, auch schon verflucht?

A: Weiß ich nicht. Sie befindet sich noch zwischen Tod und Leben.

T: Wie reagiert denn dieser Engel, nachdem du gesagt hast, dass du nicht mitkommen willst?

A: Ich fühle mich wie einer der kleinen Teufel aus dem Gemälde von Hieronymus Bosch. [Anmerkung: Wie wir erkennen können, hat sie ein doppeltes Bewusstsein. Sie ist Xerux und auch Annemarie.]

T: Wie geht es dann weiter?

A: Der Engel hält mich an der Hand. Er sagt: “Du hast nichts zu befürchten.” Aber ich glaube ihm nicht. Ich habe Angst. Ich weiß, dass ich bestraft werde. Und ich weiß, dass mein Verhalten nicht richtig war. Und deswegen glaube ich ihm nicht.

T: Und was geschieht als Nächstes mit dir?

A: Ich verwandele mich jetzt. Ich bin eine Kugel aus Licht. Auch dieser Teufel sieht aus wie eine Kugel.

T: Hast du auch noch Hörner auf dem Kopf?

A: Nein. Die Kugel ist daneben. Ich habe auf einmal zwei Gestalten. Ich bin sowohl das eine als auch das andere.

T: Und wie fühlst du dich, wenn du beides bist, das Weiße und das Dunkle?

A: Ich fühle, die weiße Kugel ist da oben. Und ich bin hier unten. Und ich kann die dort oben nicht erreichen. Doch der Engel sagt: “Noch ein paar Leben. Und dann kannst du diese Lichtkugel sein.” Aber ich glaube ihm nicht.

Wieder vor das Wolkentor zu seinem Höheren Selbst zurückgebracht, erklärt dieses Annemarie, dass jene von Xerux eingesperrte und vergewaltigte

Frau ihre heutige Mutter und das von ihm getötete Kind ihr heutiger Sohn sei. Und wie wir schon vermuten können, war die von ihm Misshandelte noch nicht in die jenseitige Welt zurückgekehrt, so dass sie den Fluch aussprechen konnte - denn wer schon in der lichten Welt angekommen ist und das Warum seiner Schicksale erfahren hat, der wird auch einem Sünder, der sich an einem vergangen hat, nicht mit Vorwürfen und Groll begegnen. Denn er weiß ja, dass aus karmischen Gründen alles irgendwie genauso und nicht anders passieren sollte.

Ich habe Ihnen, verehrte Leserin und verehrter Leser, dieses Täterleben extra als Dialog gezeigt, damit Sie wissen, wie solch eine Rückführung vonstattengeht. Man darf keine Angst haben. Denn wer sich von alten Lasten befreien will, muss auch Mut zu sich selbst und seiner Vergangenheit zeigen.

Doch nun will ich zusammenfassend weiterhin beschreiben, wie sich Annemaries folgenreichstes Opferleben darstellte.

Annemarie nimmt sich als eine fünfundzwanzigjährige, orientalisch gekleidete Frau in einem Harem wahr. Sie heißt Osima und wurde von ihren armen Pflegeeltern als junges Mädchen dorthin verkauft. Wegen ihrer besonderen Schönheit wird sie von den anderen mit Neid betrachtet, am neidischsten ist jedoch die Hauptfrau ihres dicken, unattraktiven Herrn, der ein hoher Staatsbeamter ist. Sie allein darf diesem die Füße waschen. Diese Frau schreit Osima an, schlägt sie aus nichtigen Gründen und lässt sie fühlen, dass sie nichts weiter ist als ein Stück Dreck. Und schon seit ihrem ersten erzwungenen Beischlaf hat sie immer wieder versucht, sich den sexuellen Begierden ihres Herren zu entziehen, weshalb er ihre Hände und Füße in Ketten legen ließ. Nun will er wieder von hinten in sie eindringen. Sie wehrt sich. Er schreit sie an: "Du liebst mich nicht. Du bist nur eine Hure. Weiter nichts." Sie wehrt sich. "Du Stück Dreck! Wir werden dich noch kleinkriegen." Sie schlägt mit den Ketten an ihren Händen auf ihn ein. Daraufhin wird sie hinter Gitter gesperrt. [Sie weint.]

Nach einer längeren Zeit hinter Gittern gelingt es ihr, eine ihrer Kolleginnen dazu zu bewegen, ihr Gift zu besorgen. Und nach ihrem Tod formuliert sie: "Nie wieder die Wahl haben zwischen Entwürdigung und dem Eingesperrtsein."

Vor dem Wolkentor offenbart ihr das Höhere Selbst, dass jener Mann ihre heutige Mutter ist. Alles ereignete sich in Jordanien im achtzehnten Jahrhundert. Und in den Zapfen, den ihr das Höhere Selbst auf dem Berg der Erkenntnis reicht, stopft sie folgende Programmierung: "Ich befreie mich von aller Disharmonie mit meiner Mutter. Ich befreie mich von aller Disharmonie mit meinem Sohn und seinem Vater. Ich befreie mich von Nackenschmerzen, von jenem Fluch, von meinem schlechten Schlaf, von aller Wut und aller Aggression, von Traurigkeit, Bauchbeschwerden, Einsamkeitsgefühlen und von aller Selbstbestrafung und von allen Schuldgefühlen."

Und nachdem ich schon zwei Tage im Senegal weilte, erhielt ich von ihr folgende Mail:

Nun habe ich genau eine Woche nach der Rückführung meine Mutter für zwei Stunden getroffen. Vorher war ich sehr aufgeregt und nervös - und was soll ich sagen? Es war das erste spannungsfreie Treffen mit ihr in meinem ganzen fünfundvierzigjährigen Leben! Es war einfach wunderbar: Aller Groll, aller Hass, aller Schmerz, alle Anspannungen sind weg! Weg, wie aufgelöst! Es war einfach nur noch Liebe da, und ich habe nicht mehr innerlich nachgefragt: 'Gibt sie mir jetzt genug oder nicht?' Sondern die Liebe war einfach da. Das ist wirklich sehr, sehr schön und befreiend. Tiefe Vergebung ist eine solche Befreiung, das fühle ich zum ersten Mal so richtig in meinem Leben. Es ist ein solches Geschenk, das zu erleben!

Was sich sonst noch alles verändert hat: Meinem Sohn ging es gleich nach der Rückführung sehr viel besser, als ich ihm voller Überzeugung sagte: "Ab jetzt ist alles gut!" Unsere Beziehung hat sich sehr harmonisiert, er fühlt sich sicherer, angenommener, wird selbstbewusster und wächst auf allen Ebenen. Und die chronische Blasenentzündung ist fast weg (ich sage vorsichtig zu 60 Prozent). Auch das ist sensationell!

Meine Stimmung geht rauf und runter. Ich scheine mich nachts immer noch von altem Ballast zu reinigen, und das kostet morgens Kraft, um in guter Stimmung den Tag beginnen zu können. Deine Meditation "Die weiße und die goldene Kugel" ist mir aber eine sehr gute Hilfe.

Und jetzt würde ich sehr, sehr gerne ganz bald noch eine weitere Sitzung zum Thema Existenzangst machen, um beim Heilen nicht die Ängste meiner Klienten in mich aufzunehmen und um die Disharmonien mit meinem Vater und anderen Männern, die ich kannte, ebenfalls aufzulösen.

Alles Liebe
Annemarie

Schon kurz nach meiner Abreise konnte sie bei meiner Langzeitpartnerin Sinaida - übrigens meine beste Empfehlung für Rückführungsarbeit! (renate.adomat@gmx.de) - einen Termin wahrnehmen, um sich weiterhin von mitgeschleppten Altlasten aus früheren Leben zu befreien.

Die Bedeutung der Vergebung

Wie wir aus der Mitteilung von Annemarie ersehen können, ist ihr die Bedeutung der Vergebung ganz klar geworden. In der Rückführungstherapie nimmt die Vergebung neben dem Aufdecken früherer Leben und den daraus gewonnenen Einsichten eine ganz bedeutende Stellung ein. Dieses Vergebungsritual, das weiter oben beschrieben wurde, wird mithilfe des goldenen Kelches der Liebe, der Vergebung und der Leid- und Schuldauflösung durchgeführt. Entweder man bittet um Vergebung, wenn man selbst lieblos gehandelt hat, oder man vergibt, wenn man Lieblosigkeit an sich erfahren hat. Wir Menschen haben wohl alle – vielleicht von ganz wenigen Ausnahmen abgesehen, ich denke dabei an solche, die von einem anderen Planeten oder einer anderen Daseinsebene hier inkarniert sind - in vorausgegangenen Leben schon einmal gegen die Liebe verstoßen. Und es gibt Seelen, die zum ersten Mal als Mensch das Licht der Erde erblicken und dann ebenfalls den langen Weg von der Lieblosigkeit zur Liebe zurücklegen wollen, da sie sich aus freiem Willen für diesen Weg des Leides und auch der kleinen oder großen Freuden entschieden haben. Und es muss, wie wir gesehen haben, auch die Lieblosen geben, um den Ausgleich für die Seelen zu ermöglichen, die bereit sind, ihr Karma auszugleichen. Es gibt einen direkten Weg dorthin - und es gibt viele Umwege, die aber alle ans Ziel führen. Im Grunde müssen wir im Handeln, Denken und Sprechen ganz Liebe sein.

Wie das Karmagesetz so ist auch der freie Wille ein Gesetz der göttlichen Vorsehung. Für neue oder noch nicht sehr erfahrene Seelen werden im Jenseits die Schicksalsfäden gewoben, denen man zwar zustimmt, aber man kann sie auf Erden nur bedingt beeinflussen. Seelen mit vielen Erderfahrungen dürfen diese Schicksalsfäden mitweben. Denn alles, was uns im Leben widerfährt, mit welchen Leuten wir zu tun haben, in welchen Situationen wir uns zu entscheiden haben, welche Krankheiten, Unfälle oder seelische Leiden wir durchmachen, all das geschieht zu Recht und zur Förderung unserer Liebewerdung, damit wir in dieser Schule des Lernens immer häufiger die richtigen Entscheidungen treffen. Und Liebe ist immer die Antwort.

Eine Vergebung beruht immer auf einem Einsehen dessen, was man falsch gemacht hat; auf dem Berg der Erkenntnis werden diese Einsichten gewonnen. Und erkennen wir, was wir in sogenannten Täterleben an Lieblosigkeiten begangen haben, so wird es uns leichtfallen, denen den Kelch zu reichen, denen wir geschadet haben.

Viel schwerer ist es allerdings manchmal für uns, als Opfer unseren Tätern zu vergeben, seien es nun solche aus früheren oder sogar solche aus dem heutigen Leben. Doch indem wir unsere eigenen Täterleben aufgesucht haben und die Ursachen für unsere Opferleben erkannt haben, fällt es uns leichter, denen, die Lieblosigkeiten an uns verübt haben, zu vergeben. Deshalb ist in der Rückführungstherapie das Aufsuchen von Täterleben eminent wichtig! Viele Rückführungstherapeuten begnügen sich damit, von ihren Klienten nur die Opferleben aufdecken zu lassen. Doch wie wir an den obigen Beispielen ersehen konnten, resultieren gerade aus den Täterleben noch bewusste oder unbewusste Schuldgefühle, und auch die aus ihnen resultierenden Wiedergutmachungszwänge und Helfersyndrome hindern uns Menschen daran, ganz frei zu sein. Der Bestrafungsmechanismus ist ebenfalls ein unliebsamer Seelenteil, der einen daran hindert, ein glücklicher Mensch zu sein, der das Leben in Freude genießen kann. Der Akt der Vergebung jedoch, einer der wichtigsten Bestandteile in der Rückführungstherapie, kann uns von diesem unliebsamen Seelengepäck befreien.

Wenn Sie verstanden haben, dass Ihnen jemand, der Ihnen im heutigen oder in einem Opferleben lieblos begegnet ist, einen karmischen Ausgleich beschert hat, dann fällt es leicht, diesem "Täter" den Kelch zu reichen und ihm zu verzeihen. Ja, man könnte ihm sogar dankbar dafür sein, dass er einem diesen Ausgleich verschafft hat, so dass man ihn auch freudig umarmen kann.

Sich von allen karmischen Lasten zu befreien, sollte für viele ein natürliches Bedürfnis sein. In diesem Buch ist ein Weg aufgezeigt worden, wie man das Ziel, karmafrei zu werden, erreichen kann. Doch vielleicht finden Sie noch andere Wege - durch Vergebung.

Ganz Liebe zu werden - das ist das große Ziel. Das Karmagesetz ist ein Beschleuniger, um dieses Ziel zu erreichen, und die Vergebung ist sozusagen der höchste Gang, um am schnellsten am Ziel anzukommen.

Wie man sich vor negativer Karmaaufladung schützen kann

Worauf ich schon öfter hingewiesen habe: Wir befinden uns auf Erden in einer Schule des Lernens - mit dem Hauptfach Liebe. Wie können wir aber schnellstens unser Abitur erreichen, so dass wir nicht noch weiterhin die irdische Schulbank drücken müssen? Ganz einfach: Sie müssen sich von allen negativen karmischen Anhaftungen befreien und ein Leben ganz in Liebe leben. Ein jeder kann dabei in seinem Rahmen das für ihn Beste geben. Nicht jeder muss dafür das Abitur nur mit Einsern ablegen, denn den letzten Seelenschliff bekommen wir ohnehin nach dem

“Erdenabitur” - in der höheren Welt. Doch wie können wir uns jetzt schon auf diesen “Schulabschluss” vorbereiten, der ja irgendwann stattfindet und den wir eventuell noch in diesem Leben erreichen wollen?

Die mittels der Rückführungstherapie erreichten Auflösungen durch das Aufdecken der Ursachen und durch Vergebung sind eine Sache. Aber da wir immer wieder getestet werden, ob die gelernten Dinge auch wirklich sitzen, müssen wir derlei Tests als Prüfungen erkennen. Wir werden sicherlich manches Mal in Situationen geführt, in denen wir gefordert werden und in denen wir die richtigen Lösungen finden müssen. Es könnten uns Leute harte Worte oder Unwahrheiten an den Kopf werfen. Wie reagieren wir? Werden wir ebenso erzürnt oder gemein antworten? Wenn uns der Kassierer im Supermarkt aus Versehen zu viel Wechselgeld zurückgibt und wir es draußen oder zu Hause bemerken, werden wir dann wie selbstverständlich zu ihm gehen und ihm das Geld zurückgeben? Wenn wir einem Hilfsbedürftigen begegnen - egal, ob er nun die Hand aufhält oder ob wir an seinem Aussehen und seinen Blicken die Bedürftigkeit erkennen –, werden wir ihm etwas zukommen lassen, und zwar mit einem freundlichen Wort? Wenn wir von irgendwelchen Nöten in einem Land erfahren, in welchem eine Katastrophe gerade großes Leid an Menschen und Tieren hervorrief, werden wir dann auch zu Spenden bereit sein? Oft wohnen Bedürftige auch im eigenen Land, aber das größte Elend ist in den Ländern der Dritten Welt zu finden. Hier sterben täglich Tausende Menschen, vor allem Kinder, an Hunger oder auch an Krankheiten, die die moderne Medizin besiegen könnte. Mit liebendem Herz zu geben, ist eine der Prüfungsaufgaben für einen "Abiturienten". Auch könnte man darauf achten, in seinen Gedanken "rein" zu sein. Bedenke ich jemanden in meinem Denken oder Fühlen mit Zorn und Aggression, auch wenn diese noch so berechtigt erscheinen, dann sollte ich jene Person ebenfalls in Gedanken darum bitten, mir zu vergeben.

Auch darf uns das Leid der Tiere nicht gleichgültig sein. Denn Tiere, und nicht nur die Haustiere, sind ein Geschenk der Schöpfung – auch für den

Menschen. Es dürfen keine Tierquälereien mehr stattfinden, und Vivisektionen (Operationen am lebenden Tier!) mit den damit verbundenen Qualen für die Tiere müssen ein generelles Tabu sein. Ein Abiturient der Seelenschulung wird auch darauf achten, dass unsere Welt ökologisch sauber bleibt, denn wir werden vielleicht in diese Welt zurückkehren, und dann wollen wir in eine saubere und nicht in eine verdreckte, stinkende Welt hineingeboren werden. Es versteht sich genauso von selbst, dass ein Abiturient ethisch rein und aufrichtig ist. Er ist hilfsbereit und auch bereit, wenn das seine Aufgabe sein sollte, anderen bei ihrer spirituellen Suche zu helfen oder ihnen, wenn das seine gewählte Tätigkeit sein sollte, durch die von ihm gelernten Heilmethoden zu helfen. Ein Abiturient sollte auch kaum noch Ängste haben, denn er weiß ja, dass ihm nichts passieren kann, da es etwas Erfreulicheres als den Tod und das Jenseits, das ihn nach einem gelungenen Leben erwartet, ja nicht geben kann. Er wird sich geführt und beraten fühlen von seinen ihn unsichtbar begleitenden Geistfreunden. Er strahlt Zuversicht und Liebe aus.

Jeder kann seinen Beitrag leisten. Denn wir sind alle eins. Und was ein jeder tut, verrichtet er zugleich für die ganze Menschheit. Jeder könnte ein Licht der Liebe werden und die Kerzen von so vielen anderen Herzen zum Leuchten bringen.

Wenn Sie noch ausführlicher über Karma und seine Gesetzmäßigkeiten lesen wollen, dann empfehle ich Ihnen nochmals *Das große Karmahandbuch. Wiedergeburt und Heilung*. Beenden möchte ich dieses Büchlein jedoch in der Hoffnung, dass es Ihnen bei Ihrer Suche nach neuen Erkenntnissen geholfen hat, und mit den Worten zweier Weiser:

Ein allgemeines Begreifen und Verstehen der Wirkungsweisen des Karmas könnte die ganze Welt verändern.

Rabbi Berg in *Wheels of the Soul*, 18. Kapitel

Tust du Gutes, werden die Folgen positiv, tust du Schlechtes, werden die Folgen negativ für dich sein.

Sai Baba

Dies ist, wie Sai Baba sagt, die ganze Wahrheit, die man niemals ignorieren darf. *"Denn über Jahrtausende negierte das Abendland dieses Gesetz beziehungsweise kümmerte sich nicht um Karma, obwohl Jesus Christus es ebenfalls gelehrt hat. Und die Folgen dieser Nichtbeachtung waren und sind katastrophal."* Und: *"Die Welt wird erst heilen, wenn die Lehren von Karma und Wiedergeburt über der ganzen Erde verbreitet sein werden. Ohne dieses Wissen gibt es keine Heilung, keine Wahrheit, keine Rechtschaffenheit, keine Ruhe und kein goldenes Zeitalter."*

ÜBER DEN AUTOR

Trutz Hardo gilt als der bekannteste Rückführungsexperte Deutschlands. Millionen kennen ihn aus dem Fernsehen, denn er hat selbst vor laufender Kamera Personen erfolgreich in ihre früheren Leben zurückgeführt.

Weiterführende Informationen zu
Büchern, Autoren und den Aktivitäten
des Silberschnur Verlages erhalten Sie unter:
www.silberschnur.de

Sie können uns alternativ
die beiliegende *Postkarte* zusenden.

Ihr Interesse wird belohnt!

Trutz Hardo

Entdecke deine früheren Leben

208 Seiten, broschiert
ISBN 978-3-89845-283-0
€ [D] 14,90

Erfahre deine früheren Leben – und begegne deinem Höheren Selbst!
Immer wieder gibt es Situationen im Leben, die uns bekannt vorkommen. Wie lässt sich dieses »Déjà-vu«-Phänomen erklären?
Trutz Hardo befasst sich seit vielen Jahren mit Rückführungen in frühere Leben. Dieses Handbuch erläutert, wie wir uns mit Hilfe verschiedener Rückführungstechniken daran erinnern können, um uns selbst und die Herausforderungen des heutigen Lebens besser verstehen zu lernen und um die Ursachen von einschneidenden Erlebnissen in allen Lebensbereichen zu durchleuchten.
Lassen Sie sich das größte Abenteuer Ihrer Seele nicht entgehen!

Trutz Hardo

Reinkarnation – Frühere Leben und ihre Wirkung

Glaube oder Realität?

136 Seiten, broschiert
ISBN 978-3-89845-291-5
€ [D] 6,95

Gibt es wirklich frühere Leben, und ist es möglich, sich an diese zu erinnern?
Dieses Einsteigerbuch durchleuchtet klar und logisch das Phänomen der Reinkarnation:

- Reinkarnation in der Geschichte
- Vom Glauben zum Wissen
- Rückführungen als Lebenshilfe

Sie werden erstaunt sein, welche Beweise die neueste Reinkarnationsforschung aufzuweisen hat ...

152 Seiten, broschiert
ISBN 978-3-89845-397-4
€ [D] 12,95

Trutz Hardo

Hab keine Angst vor dem Tod

Was die Forschung herausgefunden hat

Die Frage nach dem, was nach dem Tod kommt, beschäftigt uns alle und wir fragen uns, ob es ein Leben nach dem Tod gibt und wie dieses aussieht. Trutz Hardo zeigt uns hier auf beeindruckende Weise, dass es nach dem Tod weitergeht. Er präsentiert die erstaunlichen Ergebnisse der Nahtodforschung bekannter Ärzte wie Elisabeth Kübler-Ross und Raymond Moody und schildert auch die bewegenden Erlebnisse vieler Menschen, die über ihre verblüffenden Nahtoderlebnisse berichteten. Trutz Hardo gibt uns mit diesem Buch einen einführenden Überblick über die Forschungsergebnisse auf dem Gebiet des klinischen Todes, die beweisen, dass der Tod nicht das Ende ist ...

160 Seiten, broschiert
ISBN 978-3-89845-315-8
€ [D] 6,95

Trutz Hardo

Rückführung als Lebenshilfe

Trutz Hardo zeigt, wie man sich selbst in frühere Leben zurückführen kann, um die Ursachen alter oder neuer Blockaden aufzudecken.

Erfahren Sie, wie Sie sich von unliebsamem Seelengepäck befreien oder Disharmonien mit Personen auflösen können und wie Sie durch Selbstrückführung gesund, erfolgreich und glücklich werden können.

384 Seiten, gebunden
ISBN 978-3-89845-014-0
€ [D] 24,90

Trutz Hardo

Das große Karmahandbuch

Wiedergeburt und Heilung

Trutz Hardo legt hier ein umfassendes Grundlagenwerk vor, das sowohl die Allgemeinmedizin als auch die Psychotherapie mit einem neuen Heilansatz konfrontiert – und sie womöglich revolutioniert.
Neueste Forschungsergebnisse aus der Rückführungstherapie zeigen, dass die meisten physischen und psychischen Krankheiten in früheren Leben verursacht wurden und sich im heutigen Folgeleben als Symptome manifestieren. Während einer Rückführung kann die Ursachensetzung in jenen früheren Leben aufgelöst werden und Heilung wird möglich – zahlreiche Beispiele belegen es!

192 Seiten, broschiert
ISBN 978-3-89845-340-0
€ [D] 6,95

Trutz Hardo

Leiden heißt nicht wissen

Heilung durch Rückführung

Leiden heißt, nicht zu wissen. Dieses von Elisabeth Kübler-Ross inspirierte Buch bietet Ihnen die Möglichkeit, sich von innerem und äußerem Leid, von Schmerz und Blockaden, wie zum Beispiel in der Sexualität oder bei Ängsten, zu befreien. Denn meistens sind diese Leiderfahrungen Programmierungen aus früheren Leben. Decken wir die eigentlichen Ursachen für unser Leiden auf, können wir es minimieren oder oft sogar ganz auflösen.